# 文化场域

## 从万科到阿里

沈老板 ◎ 著

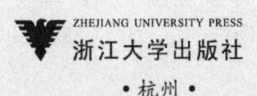

浙江大学出版社
·杭州·

## 图书在版编目（CIP）数据

文化场域：从万科到阿里 / 沈老板著. — 杭州：浙江大学出版社，2022.11
ISBN 978-7-308-23000-1

Ⅰ. ①文… Ⅱ. ①沈… Ⅲ. ①企业文化－研究－中国 Ⅳ. ①F279.23

中国版本图书馆CIP数据核字(2022)第162530号

### 文化场域：从万科到阿里

沈老板　著

| 责任编辑 | 张　婷 |
| --- | --- |
| 责任校对 | 顾　翔 |
| 责任印制 | 范洪法 |
| 封面设计 | 邵一峰 |
| 出版发行 | 浙江大学出版社 |
| | （杭州市天目山路148号　邮政编码　310007） |
| | （网址：http://www.zjupress.com） |
| 排　版 | 杭州林智广告有限公司 |
| 印　刷 | 杭州钱江彩色印务有限公司 |
| 开　本 | 880mm×1230mm 1/32 |
| 印　张 | 7.5 |
| 字　数 | 147千 |
| 版印次 | 2022年11月第1版　2022年11月第1次印刷 |
| 书　号 | ISBN 978-7-308-23000-1 |
| 定　价 | 62.00元 |

版权所有　翻印必究　　印装差错　负责调换

浙江大学出版社市场运营中心联系方式：0571-88925591；http://zjdxcbs.tmall.com

● 2015年,担任亚洲赛艇联合会推广委员,与王石主席荡桨意大利瓦雷泽湖

● 2016年,担任杭州万科良渚大屋顶馆长,兼浙江万科赛艇运动俱乐部秘书长

● 2017年春,良渚文化村大屋顶开放后,樱花大道航拍图片

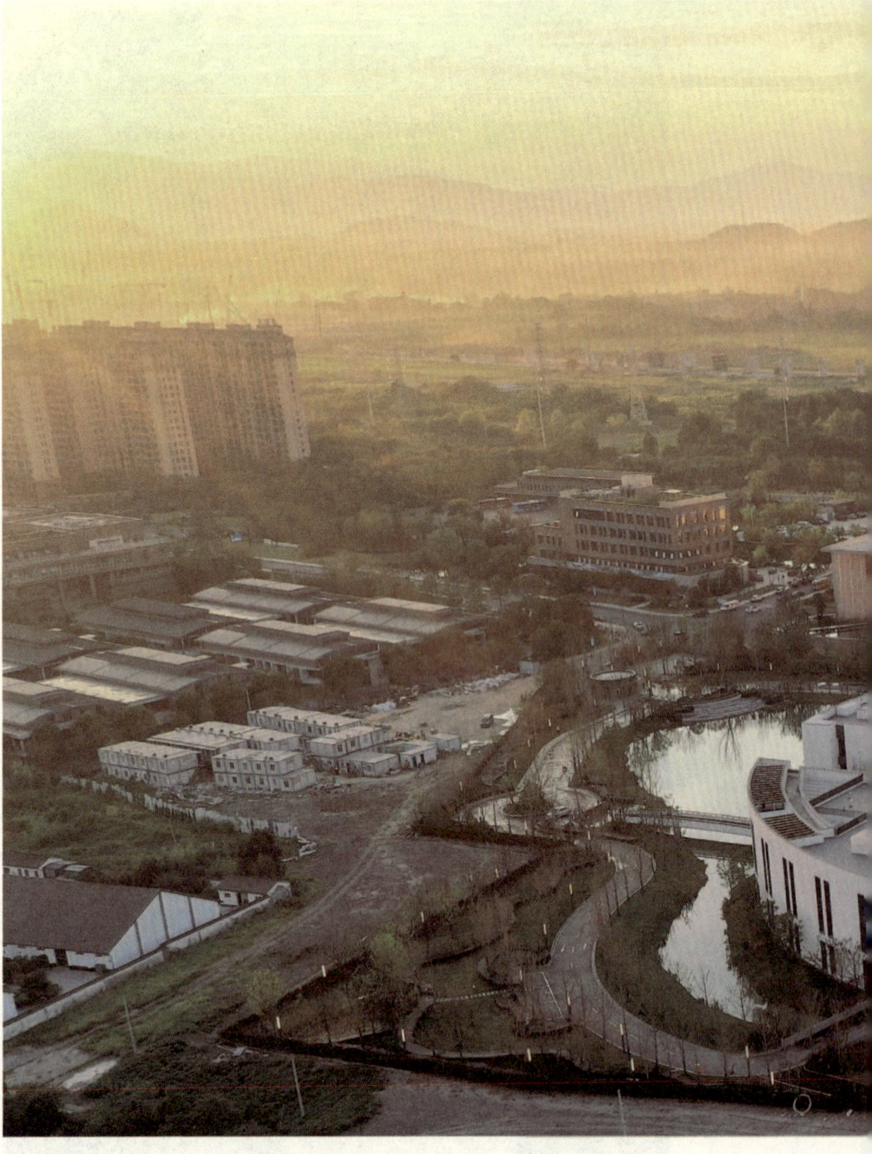

● 2020年8月,刚落成的湖畔创业研学中心新园区航拍鸟瞰图

● 2019年1月,建筑师姚仁喜(左)与马云(中)参加新校园工地开放活动

● 2020年8月,湖畔创业研学中心大堂的共建者捐赠墙

● 2020年8月,湖畔创业研学中心内湖的百年仿宋式建筑

献给我的家人

## 推荐序

------

# 组织就像能量场

有缘给老沈的书写序,很是荣幸。老沈在我心中是个很有灵性的人,也很有文化调调,过去他在万科工作,万科在良渚造房子也是很有人文情怀的事情。我在杭州工作时,良渚文化村还是一个待开发的村落,10年以后,在万科的努力之下,这里已经是一个具有文化魅力的居住社区,其中也有老沈的一点功劳。老沈后来又搞了很多年的赛艇运动,在亚洲赛艇联合会给王石做助理,然后到阿里体系来造房子,造的这个湖畔新校园也很有气质。

企业的文化建设往往属于人力资源的专业工作,像老沈这样一个人,一直都在业务里面摸爬滚打,从来没有做过人力资源,走上组织文化建设这个领域,并且写出这本书,感觉一点也不违和,书中各种观察、体会都十分到位,老沈似乎是一个天生的"文化人"。

我专业从事组织与人力资源工作

## 文化场域：从万科到阿里

长达20余年，在通读了这本书后，我感觉总体思路是很清晰的，案例解读是深刻的，条目非常实用，阅读体验也非常流畅，可读性也很强。文化可以很具象，也可以很底层，包罗万象，不好组织，容易写碎，或者过于复杂。老沈用文化通病、内化于心、外化于行来组织是不错的，简单明了又不偏颇，文中有很多案例，体现了老沈确实偏好文化，作为不负责文化工作的人，观察仔细，思考深刻。

场域这个词很值得体会，一个组织特别像一个能量场，文化就是这个组织的主流意识形态、人与人交互的方式，最终能形成有能量的或者没有能量，甚至是负能量的一个场域。我做咨询多年，走过很多公司，特别能体会不同公司的这个"场"，有的公司能量是阻塞的，冰泉冷涩；有的组织能量是活跃的，充满了能量，充满了创造力。每一个组织又有多个文化的子场域，比如会议文化，上下级之间，跨团队之间合作的场域，什么样的文化是先进的，有利于先进生产力发挥作用，什么样的文化是落后的，限制了每个人潜力的发挥，一对比就十分清楚，大家都可以细细体会和观察。

这本书适合企业各级管理者、人力资源从业者阅读，有很多地方值得学习和借鉴。老沈百忙之中，还笔耕不辍，值得我学习，同时也很感谢老沈在湖畔建完房子后加入福道，一起帮助我们那些有理想的企业家和客户们。

福道诚壹咨询创始人，前阿里巴巴集团HR副总裁<br>张霞

推荐序

## 文化的场域，人的场域

从万科良渚文化村到湖畔创业研学中心再到融创学院，我与沈老板交集最多的，是他在为湖畔新校园做"包工头"的日子。

第一个印象深刻的画面，是沈老板他当时抱着一叠厚厚的图纸，来十里芳菲讨论室内软装的设计，他兴奋地和我们讨论着湖畔新校园的功能。我作为"村长"也带着他和设计团队参观了新开放不久的十里芳菲。我们在"村民食堂"停留下来，似乎找到了共同的链接——食堂原型的灵感都是来自日本度假胜地轻井泽的虹夕诺雅。

第二个印象深刻的画面，是在2020年新校园刚刚主体落成。我和万善老师几个学员一起探访还在紧锣密鼓安装家具的湖畔新校园。沈老板带着我们一路边走边讲，当时室内还弥漫着刚装修的气息。他指着湖心的一栋木结构的房子，向我们这些怀着迫切的心参观新校园的学员们，认真

## 文化场域：从万科到阿里

地讲着它的工艺、材质、故事还有他对中国传承百年的传统木结构建筑的赞叹。

在我印象中，他的确是一个被拉进互联网行业的地产人，而且是一个在互联网领域主持建设了一栋有独特"文化场域"的地产人。当我拿到这份书稿反复阅读时，我的感触是深刻的，我更感佩他于书外所展现的自我更新能力，他把人生的每一步都用来打磨更好的自己。

我们时常讲"物是人非"，仔细想来并非如此。物即是环境，环境会塑造着人，而人也在改造着环境。人与物、内在与外在、环境与文化互为滋养，互为影响，互为塑造，互为成就。

文化的场域，也是人的场域。正如我在营造十里芳菲这个坐落在杭州西溪湿地美好的小村子的时候，我对小伙伴说的：在村落里，这里的能量是指向未来的，是阡陌纵横、散落连接，承载着我们的生命力，让我们的生命得以滋养的一个空间。所有来到这里的人，都是因为是同类而被喜欢、吸引，就是这种选择，所以我们就走在了一起。我们是有着共同的价值观、有着对事物共同偏好的一群人，我们的希望也就有着同样的方向。

在过程中修己成人，结果只留给时间。

花间堂/十里芳菲创始人

张蓓

# 推荐序

## 组织文化的超链接

当年,一个叫伯纳斯·李的外包程序员,在欧洲核子研究中心工作。他发现在这个人员流动频繁的地方,信息的共享是个大问题:这些科学家是谁,他们都使用哪些设备,他们分属于哪些研究项目,这些信息大部分只能"从那些特意放在两个走廊交叉口的咖啡桌旁的谈话中得来"。

为了处理这些信息之间的联系,伯纳斯·李用业余时间编写了一个程序,用来"记住不同人员、计算机以及实验室各个项目之间的联系"。这个叫"探询"的软件,建立起页面之间的超链接,从而搭建起一种网络关系,并最终促使了万维网的诞生。

沈老板的这本书,是一种"探询",也是一种组织文化上的"超链接"。他用不同的组织文化问题,串联起不同的关键点,而探询的背景是他在万科和湖畔创业研究中心的职业训练和从业思考。

我在万科时,说万科喜用有跨文

**文化场域：从万科到阿里**

化背景的大学生，比如在北方读大学的南方人，可能就会比在上海读大学的上海人，在面试环节多受些青睐。万科现任董事长郁亮就是在北大读书后到深圳工作的苏州人。这种假设是：这样的成长背景，有助于一个人建立多个参照系，能对不同的文化有理解、体察和适应能力。

我决定去阿里但还没入职时，蒋芳就和我说过我的下一个岗位会换个城市，工作内容也跨度颇大。我没能在阿里挨这么久，但阿里喜欢把人放到不同岗位上锤打，应该也是希望不要让一个人长期处于职业的舒适区，用职业挑战保持职业激情。而"湖畔"是比企业有更多超链接的场域，不同领域同学之间切磋交流的收获，不亚于从老师那里听课学习。

"超链接"有多好，我们已经在互联网上深有体会。组织文化的"超链接"价值，相信大家在读完这本书之后，也会有自己的感悟。

期颐投资

沈彬

# 自 序

## 从万科到阿里，从良渚到湖畔

我出生在杭州西湖边，成长在千岛湖畔，我的童年记忆除了玩耍就是学习，底色是一个不折不扣的"小镇青年"。大学离开杭州，前往苏州学环境工程，又转道英国学习项目管理，2005年完成硕士学业回到杭州开始工作。在当时的杭州，能够接受海归的外企寥寥，阿里巴巴还是一家看起来像eBay的电商公司，房地产行业正如火如荼，我便一头扎了进去，一待就是15个年头。

2007年7月，我幸运地加入了万科杭州，在此工作了近10年。前5年时间我在被业界誉为"四大神盘"之一的大型住宅区"良渚文化村"，负责建设与运营管理，被称为"村干部"。在万科工作期间，我有一年半时间被调去总部，派驻北京，在亚洲赛艇联合会协助王石主席，担任主席助理和推广委员会成员，被称为"国际体育官员"。2016年5月，我担任"大屋顶馆长"，写下了第一

## 文化场域：从万科到阿里

本书《走进梦想小镇》，试图用中立的视角来记录小镇的生长与实践，使万科南都的小镇经验让行业受益。

我自认为是被万科文化与理想深度熏陶、影响的一批人，从崇拜企业家王石，到践行"大道当然、精细致远""健康丰盛的人生""阳光照亮的体制"的企业文化，坚持划赛艇10年多，还有登山、写作、公益事业的爱好。2018年4月与良渚文化村村民、南都公益基金会、阿里公益基金会共同发起了"良渚文化村社区公益基金会"，在公益慈善领域继续实践我们的小镇理想。

2017年5月，我惜别万科加入了阿里的湖畔创业研究中心，成为第32号员工，负责位于余杭仓前未来科技城的湖畔新校园开发建设，开始了一段为期三年半的被大家称为"包工头"的日子。与阿里湖畔的缘分源于赛艇的推广，2016—2017年，我作为教练和项目经理执行了湖畔二期、三期赛艇训练营，后来湖畔要择址建设新园区，便把我这个地产人硬是拉进了互联网行业。

在湖畔工作期间我旁听了许多管理课，同时也会参与课程制定、"企业教练"方面的学习等，不知不觉中又打开了一扇"人和组织发展"的窗户，让我看到了事情背后还有更多的"人"的风景。之后我便在组织领域老师们的指点下，开始对罗伯特·凯根的成人发展理论、埃德加·沙因的组织文化理论、雷格·瑞文斯的行动学习理论等心理学、社会学、组织学科在管理领域的探索实践产生浓厚兴趣。

我也一直不安现状，不愿随波逐流，自诩为"地产公司的文化人，互联网公司的地产人"。2020年12月，我在完成湖畔新校园项目交付后辗转于地产行业，2022年正式开始了从"事"到"人"的转型之路，并逐渐产生并坚定了个人使命——"让人和组织更美好"——因为我的存在，能让我认识的人、我生活的社区、我所在的城市，甚至是我们这个世界都可以变得更美好一些。

回溯过往15年地产行业经历，我经历了万科、阿里、融创三家中国本土500强企业的实践，在万科受到业务的历练、文化的熏陶；在阿里湖畔受到互联网文化和组织文化的浸泡；在融创获得难能可贵的组织实践经验，并且在非营利组织领域积累经验——亚洲赛艇联合会、湖畔创研中心、社区公益基金会。从地产到互联网，从业务转型到组织，我经历了截然不同的组织文化。

我资质一般、思维愚钝，却是一个时代的幸运儿。我经历了最优秀的企业文化的浸泡，操刀最为独特的建设项目，跟随最有远见卓识的管理者……在我身上、脑子里沉淀了一些经验和思考，想与更多人分享。

要感谢的人不计其数，我特别要感谢鼓励我进入组织文化领域的Wendy陶文博士，感召我加入福道诚壹咨询的创始人Linda张霞、余向海，还有我曾经的同事、湖畔的黑衣人：卢洋、Lina、魏sir、阿杜、徐蓁、溪恪、婷婷、潇菲、Emma、敏雅……还有我蓝狮子的编辑李姗姗、叶雯菁，在我数次拖延稿件后依然耐心默默支持。我更要特别感谢我的太太柳君与家人对我无条件的支持与包容。而我性格愚钝且为人自大，很多要致谢的朋友难免遗漏，在此不一一举例，感恩存于心中。

## 文化场域：从万科到阿里

书里很多思考沉淀是源于在湖畔工作期间的"周报"，自知不够深刻，也不成体系。我列举了自己观察到的 10 个组织文化问题，并且从人的发展角度提出 10 个关键点，从组织发展角度提出 10 个关键点，供读者们参考。我的心理学、社会学、教育学等组织理论相关专业基础薄弱，结构和案例也多为个人经验，只希望抛砖引玉，让这本书能成为我在人和组织发展专业领域内学习、研究、精进的一个总结，从而叩启我在顾问咨询和企业教练领域实现个人使命之路：不论是在万科良渚，还是在阿里湖畔，可以"让人和组织更美好"，可以做一点对我们这个社会有积极意义的事情，不让曾经包容、培养、鼓励我的人失望，是一直激励我持续进步的原动力，也是我持续在组织文化领域努力的智慧源泉。

# 目　录

**第一篇**
**文化通病：人与组织的共通性，**
**企业里常见的10个组织文化问题　/　1**

组织惯性：不是不知道，而是做不到　/　3
文化稀释：企业做大了，味道变淡了　/　13
老人文化：老白兔看似无害，留着却后患无穷　/　18
山头主义：让组织板结，让部门墙高矗　/　23
保姆心态：爱与不爱，才是最根本的区别　/　31
简单粗暴：就事论事的另一面，是不以人为本　/　36
官僚文化：科层制组织的跌落陷阱　/　41
戏精文化：心口不一，价值观不看口号看行动　/　47
视人为器：旧工业时代的管理思维　/　53
文化不自信：邻居家的孩子，别人家的老公　/　58

文化场域：从万科到阿里

**第二篇**
**内化于心：心智模式的认知与升级，**
**组织文化场域生成的10个要点** / 65

    无名特质：刻在骨子里，却并不显性的心智模式 / 67
    使命：从哲学思想到组织文化实践 / 76
    愿景：是一种可描述可达成的远见 / 84
    价值观：从来不曾缺席，冲突的时候出现 / 93
    价值观的生成：先自上而下，再自下而上 / 98
    价值观考核：行为化描述，并进行评估面谈反馈 / 106
    复盘反馈：让"复盘改进"成为个人的工作习惯 / 114
    人才文化：人才观决定我们跟谁一起工作 / 121
    成长发展：从视人为人，到借事修人 / 128
    新陈代谢：组织不是家庭，而是一支竞技球队 / 134

**第三篇**
**外化于行：集体行动的机制与设计，**
**组织文化场域落地的10个要点** / 143

    上行下效：塑造组织文化是1号位
        不可推卸的责任 / 145
    战略共创：让战略成为组织文化的一部分 / 153

# 目 录

组织设计：精密地设计组织，而不是简单地
　　　　　架构组织 / 161
边战边略：一条心、一张图、一场仗 / 166
绩效文化：让员工知道自己每一天的
　　　　　工作与战略有关 / 172
塑造行为：集体行动，用行动学习让文化落地 / 180
打造场域：场域与仪式，
　　　　　打造"沉浸式"组织氛围 / 188
绳之以法：对明知故犯者，要"斩首示众" / 197
学习内化：吃猪肉羊肉，长自己的肉 / 202
共同进化：心在一起，才是命运共同体 / 208

## 写在后面：
## 从场域理论到组织文化落地实践 / 215

场域理论 / 216
组织陪伴者 / 218
企业高管教练 / 220

第一篇

# 文化通病：

人与组织的共通性，企业里常见的10个组织文化问题

进入一个场域[1]，不论是物理的建筑，还是人际的关系，抑或是心理的场域，其中蕴藏的文化都会让我带着全然的好奇心，细心去观察、体悟与思考。在15年的业务工作经历中，我走过世界很多城市，和不少组织深度接触，营利的、非营利的，也曾经操盘过一些组织；在湖畔的3年半更是打开了人和组织的宏观视角。人和组织是有共通性的，我们遇到的问题不是单一、孤立的，而是在不同的发展阶段，任何组织都要面对的挑战。我试图总结出10个常见的组织文化问题，同时也有耳闻目睹的10个相关案例的思考，探讨文化问题背后的人性和组织，希望大家看到个例背后共性的问题。

## 组织惯性：不是不知道，而是做不到

### 地产企业的困局

我所在的火热的房地产行业，内外部环境正在经历着深刻而复杂的变化。

---

1 场域（field），指个人所在的社会环境。

## 文化场域：从万科到阿里

房地产曾是我国国民经济发展中最为主要的一股推动力量。为了推动城市化进程，大量的农民工进入城市，地方政府不断扩大城市规模。人口流入不仅为城市提供了廉价劳动力，也推动了居民投资与住房消费，而"房子"这种特殊的产品就成为进城打工的人兼有投资和居住性质的"大宗资产"。

中国的房地产市场规模庞大，所以，国家对房地产市场提出的要求不仅是"房住不炒"，更是"稳房价、稳地价、稳预期"，也就是说房地产产业不能无序增长，占据国民经济的大头，要防止房地产行业泡沫破灭，走上美国次贷危机的老路。

近年来，国家对房地产市场的管控政策越来越趋于系统化、全面化、精准化，而近期的恒大、碧桂园等头部房企爆出企业经营危机，也预示着这个行业将面临整体的转型，其所依赖的金融红利、土地红利、政策红利要转变为管理红利、组织红利。

这样的变化给房产企业带来不断的挑战，外部项目并购、部门整合、裁员外派、薪资打折……各种变化越来越频繁。很多中年房地产从业者面临外派、降薪甚至是失业的风险，加班是家常便饭，年终没有奖金也是大概率事件。我身边很多同事和同行都已不在本地工作，而是进入浙江以外的省份，将在这里积累的经验复制到三四线城市，抑或转了专业进入产业上下游。

# 第一篇 文化通病

## 不是不知道，而是做不到

整个房地产行业的企业组织和人都面临巨大的转型压力。

一方面，国家政策直指"去金融化"，房地产行业靠土地溢价赚钱、靠融资手段周转赚钱的时代一去不返，这也使得整个行业慢慢侧重其制造业的属性，提升人均效率；另一方面，地产行业是一个资源整合性很强的行业，行业内的专业分工程度也深厚稳定，企业员工往往在一个专业领域深耕数年，自身也就慢慢被环境"驯化"，要这些员工改变已经习惯的工作方式、赚钱方式，也是非常困难的。

这就像一个驾着马车赶路的人，他握着缰绳，对着长期驾驭的马儿挥动着皮鞭，喊出"驾！往前走！转弯！停"等口令，而马儿早已习惯了埋头赶路，只知道听从"主人"的指令往前、后退或者转弯。而此刻的场景是主人看到身边开过一辆汽车，开汽车的人还按着喇叭嘲笑马车落后，主人不断地鞭策马，但是，他始终无法使马车超越汽车。

一个组织里面大部分人，都只是在思考如何完成眼前的业绩目标，完成了就有钱发，可以升职加薪。他们被巨大的工作压力驱使，一人身兼多职，都在低头赶路，而不再抬头看天。

## 变革者的困境

传统企业要做到数字化需要自上而下的组织和文化变革。

## 文化场域：从万科到阿里

飞书的OKR[1]在行业里面非常有名。之前飞书的总裁谢欣分享过一个案例：为了在飞书内部推行OKR，张一鸣自己的OKR就是"用OKR"。任何的变革都是自上而下的，如果1号位与核心管理者们做不到，试图用要求、指令、外包的方式让组织成员完成，那几乎是不可能的。我们传统文化中也有"己所不欲、勿施于人"价值观，很多变革最终失败的根本原因就在于此。

美国麻省理工学院斯隆管理学院荣誉教授、哈佛大学社会心理学博士、"组织文化之父"埃德加·沙因（Edgar Schein）说："所有组织——无论规模和类型，都会面临两类问题：一是面对迅速变化的外部环境，如何不断去适应；二是为帮助组织顺利适应外部环境，应该怎样相应地整合内部。"

作为唯一站在组织最高层视角观察文化的"1号位"，也就是首席执行官CEO，是最有发言权的那个人。他们看到了外部不断变化的环境，也就是常听到的VUCA[2]模糊多变、这是一个不确定性的时代，商业竞争处于各种白热化状态；而看向内部，企业一定是经历了很多次磨难与艰险，才有今天的成就，而今天的成功往往会成为组织明天的负担与制约。

因此他们焦虑万分，希望组织可以在一夜之间改良与变化，在这样的期待下，便会产生各种各样的指令，提出组织变革的要求，

---

1　目标与关键指标方法。
2　volatility（易变性），uncertainty（不确定性），complexity（复杂性），ambiguity（模糊性）的缩写。

提出组织内部成员向优秀者学习取经的要求，提出人才要升级的要求……这就是沙因博士说的"为帮助组织顺利适应外部环境，怎样相应地整合内部"。

但是整合内部又谈何容易。

# 文化场域：从万科到阿里

**案例**

## 互联网公司造房子踩坑

传统企业的互联网化转型通常会遇到困境，互联网公司在传统行业领域也经常遭遇"滑铁卢"。

我一个在设计院工作的朋友跟我分享过一个在地产圈广为流传的"互联网公司种树"的真实故事。

2017年4月，我第一次参加与阿里智建的湖畔方案评审会

互联网公司邀请某大型地产代建公司建设一个社区型购物中心。熟悉建筑行业的朋友应该都知道，在景观设计方案里，主要树

第一篇
文化通病

种都会有一定的设计要求：比如高度、胸径、蓬径等，也就是树的高低、胖瘦、形态。但是在这个世界上，不可能每棵树都长得一模一样，即便是大的设计指标符合，看起来也会有略微的差别，图纸和照片无法等同于现实，实际到移栽的时候就会有差别。

有经验的景观工程师和设计师会根据现场的景观布置，对苗木做一些排序、方向上的调整，比如将略微美观一些的树苗种在关键位置，而"长相"相对差一些的种在没那么重要的区域，同时也会修整树型以符合最佳观感的要求。

到了建设后期景观苗木的施工阶段，主要大型苗木已经纷纷运送到了施工现场，这时候互联网公司的项目负责人就跳出来指责并要求景观工程师："图纸怎么画，树就必须怎么种，不能有任何调整，否则我们的验收不会通过！"

无奈，乙方景观工程师只能按照要求来，把工匠手艺的部分变成了机械的按图施工，愣是把手工活做成了机械活，这位在品质房企从业二十年的资深景观工程师留下一句耐人寻味的话："种树不是你们互联网公司程序员的编程，是做不到Ctrl+C和Ctrl+V（复制和粘贴）的！"

其实这个案例背后就是两种文化的惯性。

互联网公司的管理者，在数字领域和IT工程的文化环境里，养成了一种从设计到交付只是"编程"的短平快迭代文化惯性；而这位在传统行业深耕的景观工程师，则遵照着一种制造行业与工匠精

## 文化场域：从万科到阿里

神下的艺术追求。两者站在自己的立场和文化背景下，做法都是对的，但是放在一起就产生了冲突，不同的管理理念背后是不同的组织文化惯性。

传统行业要理解互联网行业还需要一段长时间的实践，而互联网经济要赋能线下也需要有更多的跨行业理解。当然，这个故事也可以用管理视角解读，比如授权与流程、项目管理等，这里只是分析组织文化的惯性在管理最末端——员工行为上的体现。

第一篇
文化通病

案例

## 地产公司数字化变革，推广飞书遇困境

我们都知道数字技术可以帮助传统行业提升效率，渐渐地，越来越多的传统行业开始用数字化手段来解决很多管理问题，比如信息透明、管理前置、运营指导、成本精细管控等。这里分享一个地产公司在推广飞书应用时遇到的困境。

在"先进团队用飞书"的吸引下，一家万人规模的大型企业推行办公及时沟通软件——飞书。其实在集团要求全面使用飞书之前，很多小部门已经在使用企业微信和钉钉，但是都是组织的末端在创新变革，而不是从头部发起。

这次是总部集团下达"指令"，人力行政部门和IT数字化部门联合推进，并且给出了一套"组合拳"：所有的工作沟通和文件传输要求用飞书，线上会议要求用飞书，并且开了宣传大会和飞书文化动员，强制把通讯录也搬运到了飞书上。在推广了一段时间后，集团开始抽查每个员工的飞书"下载率"和"激活率"，并且进行排序，赏优罚劣，有执行问题的逐个沟通，要求整改提升，贯彻执行这次集团数字化的变革要求。

可现实是：大家日常办公沟通早已习惯了用微信，之前所有的内外部信息沟通都使用微信，包括高管群、全员群都在微信上，尤其是紧急情况下的管理指令的下达与动员也是在微信上，这就导致大家不断在微信和飞书之间来回切换。结果就是大家都下载了

## 文化场域：从万科到阿里

飞书，但是大部分人还是在用微信。因为从 1 号位的 CEO 到核心高管，再到总监、经理这一层级，大部分管理者都还是在用微信沟通。回复领导的信息微信更快，于是普通员工也没有耐心再去学习使用飞书，以及解锁更多飞书的数字化办公功能。从个人的使用习惯而言，要学习用一个App的时间成本是巨大的，习惯改变也非常困难。

尽管这个企业还在推广飞书，但是人力行政部门和IT数字化部门显得有些士气低落。这就是组织惯性，单个部门从末端的一肩之力无法去对抗组织文化的巨大惯性。如果组织上下没有意识到这一点，那小到飞书，大到业务，都还是会在一种"习惯性模式"下进行，这类故事只会不断地上演。

## 文化稀释：企业做大了，味道变淡了

### 新人加入，带来不同的价值观

我们看到很多商业组织在需要能力升级的时期，往往不会选择长期方案，让组织内成员成长，而是通过招聘外部"新人"来解决。

新人的不断加入会给企业带来新鲜血液，同时也会带来不同的文化价值观。如果企业并没有针对新人的成体系的文化建设，那久而久之，这家企业就渐渐没有了原来的味道。

随着企业业务不断增长，规模不断扩张，员工遍布各地，新人占到相当大的比重，这就给组织文化的建设带来很大的影响。如果组织没有统一的价值观建设，各个部门和地区的文化就只跟这个部门或者地区的负责人有关系，那组织文化就会五花八门，组织也就会变得平庸，和市场上的大多数组织一样。

其实我听到不少老阿里人有这样的慨叹：企业大了，味道变了。他们往往很怀念当初组织没那么大的时候，随时可以见到马云，所有人在打着一场仗，那种浓烈的文化让人印象深刻。现在阿里也在实施"国际化人才战略"，无外企工作经验、无留学经历、英语不流利不招，非85后、90后不招，这些给组织带来的文化冲击是巨大的。

## 文化场域：从万科到阿里

如果国际化的人才不理解草根文化的精髓，那企业的文化味道是会渐渐被冲淡的。就像一杯泡了很多遍的西湖龙井，本来味道就淡了，这时候加了一点西式的咖啡，那茶叶的味道和咖啡的味道在一起，就不是"稀释"，而是"变味"了。

**考勤打卡简单，管理员工摸鱼难**

阿里巴巴直到现在都是坚持不打卡的，这是一种对员工的信任，也是一种文化驱动的方法。以前规模小的时候，大家都是奔着马云描绘的使命愿景，自觉自愿地去奉献自己的时间，而在文化驱动下，员工的工作时间是很长的，996更是常态。

与互联网企业不同，房地产公司都是要打卡、查考勤的，有的公司规则严格，错过1分钟都要扣钱，其实很多制造企业也都是如此。到了年底，人力资源部还会把考勤记录拿出来看一下，就知道哪些员工经常加班，哪些员工总是按时下班，默认加班的员工敬业度高。

但是，互联网时代的问题是：并不是所有打了卡的员工坐在工位上就是在工作，也并不是打了卡以后，员工就一定在岗。比如"内卷"：因为企业提倡敬业勤奋的文化，管理者们都会自觉地选择加班，同时公司确实也鼓励加班，人力资源部门还会对加班员工支付加班费，甚至表彰鼓励。为此，很多员工为了比自己的老板晚下班，选择"耗"在工位上。

其实在互联网时代，有一台电脑、一部手机，要坐着耗一天是很容易的,因为你永远不知道员工看着手机是在逛淘宝、刷朋友圈,还是在为了工作而了解市场信息,与客户沟通、与同事互动。

## 讲文化太虚了,还是业绩实在

很多企业一方面抱怨组织文化被稀释,另一方面却不愿意对组织文化长期投入。这些企业认为组织文化都是一些比较虚的事情,不会认认真真地把组织文化和价值观一点一点地在人身上落地。

马云说过,文化就要是"虚事实做,实事虚做"。

组织文化看起来很虚,要"做实"其实是很难的,尤其是对那些CEO和高级管理者们来说。核心高管每天的一言一行,一举一动,如果把这些点滴拍成照片串连起来,就形成了一个企业组织的"味道",一个企业组织最为核心的文化。味道不对,往往是因为这些管理者不够自知、不够自律,没有真正把自己当作一个组织文化的坚守者和创造者,而是置身事外,这样就形成了一种"上梁不正下梁歪"的现象。

此外,文化也要天天讲、月月讲、年年讲,所以,管理者的勤勉是一方面,另一方面还要会讲文化,无时无刻不去测试文化的温度,无时无刻不去干预文化的浓度。当我们发现了文化稀释的现象,就需找到核心原因,然后出手去干预,这才是一个高级管理者应该有的素养。

我在企业组织内观察的经验告诉我,抱怨组织文化被稀释的管理者,其实他们自己很可能就是组织里那个文化浓度没那么高的成员。

文化场域：从万科到阿里

**案例**

## 动画片《三个和尚》的组织文化隐喻

说起和尚，让我想起小时候看过的一则动画片《三个和尚》，这个寓言故事似的动画讲的是"一个和尚挑水吃，两个和尚抬水吃，三个和尚没水吃"，告诉观众分工协作的道理。从组织文化的视角去想，这其实是另一种独特的某组织，被放大以后带来的文化稀释现象的隐喻。

小和尚、胖和尚、高和尚，都是来自天南地北的僧人，都剃度了，也皈依了佛祖，都披着僧袍，穿着统一的"企业制服"。他们看起来文化价值观是统一的，高矮胖瘦，只是他们不同的形体外在。但是，红黄蓝不同颜色的僧袍，却隐喻着三个和尚各异的内心。

每个和尚来到寺庙里，都做着一样的事情：念经、吃饭、喝水、下山挑水。就像员工每天坐在工位上，做着差不多的工作。当和尚越来越多，各自挑的担子和消耗的份额不同，大家嫌隙渐生，就会产生吃烧饼的"比较心"。企业组织里也会有比较，类似"你的收入比我好""我的贡献比你大""我的资历比你老"。

三个和尚的组织崩溃于他们不同颜色僧袍背后的个人利益取向，当个人利益高于组织利益，他们在争吵和罢工不去打水的时候，就已经把"和尚"这个角色放在脑后，无异于三个在市井争吵打闹的普通人。和尚本不该有是非心、评判心、比较心，多挑一些

第一篇
文化通病

水分给大家又如何？这不正是佛祖讲的"生慈悲心""我不入地狱谁入地狱"吗？

最后，居然是一场"危机"拯救了他们。

老鼠也是一种微小的破坏力的象征，千里之堤，毁于蚁穴，老鼠碰翻了蜡烛而导致整个庙都烧着了，他们不得不放下自我，开始去拯救他们最大的共同目标——诵经念佛的场所。也正是这场危机，让他们看到愚蠢的自我，开始产生共识与协作。一个组织的文化也会因为一场场生死危机而回归原位。

## 老人文化：老白兔看似无害，留着却后患无穷

### 老白兔无害，但是不公平

我曾经进入一个公司的部门，里面有一个公认的"公司老人"，长期在同一个部门工作，看着公司起起落落、浮浮沉沉，可以说是"活久见"。这位公司的老人知道公司背后很多不为人知的"秘密"，甚至可以说出坐在哪个位子上的人走得快。一个公司组织，有显性的文化和历史故事，当然也有很多隐性的、不为人知的、更难为人道的"黑历史"。

这个老人似乎已经老资格到了不做事情也不怕被批评，并且可以非常"职业化"地把事情接下来，但并不会推进下去。每当有新人来，她就会在一个老人的圈子里猜测，这个新人来了可以待多久。在阿里的人才盘点概念里面，有一种人叫做"白兔"，就是那种很乖巧，但是从不出业绩的员工，被称为部门的"团宠"。绩效贡献较低的老员工，会在白兔前加一个"老"字，叫做"老白兔"。

通常碍于情面，或者企业管理者为了表现自己"念旧情""讲义气"，都会包容一些这样低绩效的老员工，也或者因为各自不同的历史原因，养着这样一些不出业绩的老人。这些低绩效老资格的员工，

第一篇
文化通病

看似人畜无害，其实是对团队氛围最有影响的人，会引发高绩效员工的不公平感。高绩效员工会想，他们拼命工作，每天工作12个小时甚至更多，而身边就是这种整天混日子、摆老资格的人，那为什么还要在这样"养老文化"的团队里工作？所以"老白兔"在阿里通常是"杀无赦"的。

**可能是"陈年老酒"，也可能是"过期罐头"**

老人文化要一分为二来看。

一方面，老人往往与企业一起成长，传承了一个组织的文化和价值观。从这个角度讲，如果组织不给老人发展和试错成长的空间，是对不起这些"曾经一起打下江山的人"的。

但是，因为这个组织长期处于打仗状态，老人们久而久之就被组织业务"固化"，很多思维模式、行为方式，让老人成了"老兵油子"。他们往往熟悉了组织的运作规则，尤其是一些"潜规则"，所以比新人更爱"混日子"，容易滋生惰性。我们看到老人经常摆老资格，我们也要看到老人内心是需要被新人尊重的，他们经常提"想当年""我们就是这么做的"，尤其是面对高量级新人加入，难免产生嫉妒的心理，从而抱团开始分派系。而且老人容易有一种功臣心态，往往居功自傲，不愿意再像创业团队一样激情工作，无法跟上组织的快速变化需求，往往是心老了，失去了对工作和事业的热情。

而且企业发展早期的老人，往往是业务能力强而潜力不高的一

文化场域：从万科到阿里

批人，长期在组织当中被"封存"和"浸泡"，可能是"陈年老酒"，也有可能真的就是"过期罐头"。

### 从新陈代谢，到新老融合

新人的加入代表着一个组织有了新鲜的活力，更多年轻人的加入才能让组织有更好的未来。我们首先要站在更高的角度正面看待一个组织正常的"新陈代谢"问题，自然界也是老化的细胞自然脱落或者被排泄，新的细胞才可以担当主要岗位。

当然，新人的加入会给老人带来不安全感，这是组织一种正常的防卫机制。我们管理者要做的是把握好一个度，既能做到促进新陈代谢，又可以发挥两者优势，实现新老融合。

企业的难题是新人和老人的融合问题。如果没有新鲜血液进来，老人会因为长期专注于业务而逐渐失去与组织共同成长的机会，当资源和精力被耗散殆尽，新人就成为组织发展的新动力。而老人有一种类似直觉反应的"肌肉记忆"，此时更应该花时间去把这样的记忆通过日常训练，让新人也逐渐具备。

所以，组织文化最好的表现，就体现在组织里每一个成员日常的行为模式，以及他们身上的肌肉记忆和膝跳反应里。可能他们身在其中并不自知，但是当你跳脱出来，你就会慢慢欣赏那种像艺术品、工艺品、精密仪器一般的能量流转与节奏韵律。

第一篇
文化通病

**案例**

# CEO的"新人与老人"之痛

我听过阿里合伙人会议上一个关于"新人与老人"的案例。

在会议上,某业务CEO表达出"新人不行,还是老人好"的观点,马云听到后当场打断,并对这位CEO进行了批评和教育。

马云认为,组织发展起来就是要依靠年轻人,即便是合伙人也是从新人变成老人的,所以我们要拥抱年轻人、培养年轻人,让更多的比我们更强的年轻人为组织的长期发展贡献力量。

我们作为管理者要关注的,不是新人好还是老人好,而是要既关注老人成长的问题,又关注新人落地的问题;应该更关注新老融合的问题,不能二元对立地看新老的好坏问题。因为无所谓新老,只有所谓企业文化的认同度。

在"老人还是新人谁好"的争论背后,还是一种"视人为人"的文化和组织长期主义的价值取向的必然。这种关注人的成长,关注新老文化融合,关注组织长期利益,更是一家公司的核心管理者要学习与领悟的。关注短期绩效的管理者,通常会对新人产生好感,因为新人刚来肯定愿意使尽浑身解数来满足老板的要求,同时跨行业的经验确实也会带来新的视野和经验。但是从长期发展来看,新人也会变成老人,而老人身上沉淀的文化要如何激活,激发老人的创新和创造欲望,是摆在所有人面前的课题。

其实就我自己而言,我也是从新人成为老人。我2017年加入

## 文化场域：从万科到阿里

湖畔时，于湖畔也是一个新人，也面对着创始团队成员这些老人。当组织发展到一定规模，应对无法应对的局面，比如要建设一个新建筑，就需要从外部引进"专业人士"加入组织，短期而言，新人是可以产生绩效的。

但是坦诚地讲，一年新，三年陈，我是到了第二个年头才开始感觉逐渐融入了组织的文化氛围。而到了第三年，要百分之百融合仍是不太可能，因为带着前面十几年的文化烙印与组织风格去对接工作，还是会遭遇卡点。人都有一种惯性，就是所谓的路径依赖。我们之前的经验或者专业造就了现在的我们，而当我们进入一个新环境，也是会习惯性地使用之前的经验，因为那就是长在我们身上的肌肉记忆，而且我们往往自己也意识不到。

## 山头主义：让组织板结，让部门墙高矗

### 山头打下，就是你的

在企业发展早期打江山，最好的激励方法就是：打下就是你的。就像之前我们打解放战争，打下城市的部队往往就地变成治理一方的管理机构，早期地方管理机构和军队是一个建制。

我从传统的房地产企业来到创新型的互联网公司，这种"打下山头当山大王"的文化差异感是尤为强烈的。之前在房地产提倡职业经理人文化，我们经常说，"世界离开了你，照样转动"。这是不断在给员工灌输：你是庞大商业机器上的一颗螺丝钉。而事实上也是如此，这是成熟庞大企业维护自身运转的必要手段。

但是在以创新为导向的企业组织里，尤其是在企业生命的初期，职业经理人文化往往是要命的。那时候商业模式往往还没有建立，盈利方向还不知道在哪里，革命的道路还是模模糊糊的，团队都不知道明天在哪里……而这个时候有人提出来"星星之火，可以燎原"，然后有一群人为了实现理想而前赴后继，不是为了几块大洋的军饷，不是为了巩固自己的地盘，这才是组织成功的关键要素。

如果世界没了他们，那真的就不是今天这样了。

# 文化场域：从万科到阿里

## 从打下山头，到军阀割据

在组织里面提倡山头主义，很容易出结果、上规模，但是时间长了，听之任之，山头主义也很容易形成一个个"利益集团"，在组织内部形成"军阀割据"的局面。

我曾经观察到另外一个组织里面的现象，这个组织很早就开始鼓励业务之间的山头竞争，目标还是为了"抢地盘""抢资金""抢发展机会"，谁抢到就是谁的。业务负责人在年终述职的时候，会根据不同业务单元的业绩贡献做"发言顺序排序"，让整个核心管理团队看到"表现优异的人才可以靠前发言，被奖励"的文化价值取向。

但是强调内部竞争的文化是一把双刃剑，对组织内部的"副作用"也是很大的。内部为了竞争，就会开始抱团，如果业绩不好就开始互相扯后腿，有的人会在心里打小九九：做这件事是不是有利可图？谁会超过我？这个组织里面的中后台部门不会"协同配合"了，因为中后台部门的资源被前台争抢，彼此被放在一种相互竞争的位置上。

组织发展到了一定的规模，都会有一定的资源支配权利，有的组织之间形成一种资源交换关系。部门高墙矗立，每个部门的负责人成为资源控制者而不是协同者，要协同起来非常困难，甚至会相互拆台，造成了一种企业内部的"淤堵"，让组织更为"板结"。

## 第一篇 文化通病

### 事有边界，心无边界

部门高墙矗立，形成了一个个无形的部门之间的边界，而边界的本质还是一种自我保护和防卫，是一种缺乏安全感的表现。

人与人之间的边界就如同小时候与同桌划分的"三八线"，你的手肘要是超过一点点，对方就会拿肘来顶你回去，或者拿笔来狠狠戳你一下，让你痛到缩回到自己的地盘去。

要激发组织的创造力，还是不要把组织内的边界感划分得那么清楚，"事情有边界，但是心无边界"。边界是扼杀交流、割裂交流与创新的始作俑者。要鼓励并激发创新，就得把已有的部门墙拆除，把边界感拆除，鼓励在一个多元的生态中，产生出一个个新鲜的点子，一次次跨越部门与团队协作。

由于无边界组织具有强大的创造力和自驱力，因此在大企业流程和中后台的支撑下，生态环境内的"细胞体"可以获得足够的营养和成长空间，创新可以迅速繁殖，成就一个个新物种。

此外，组织文化也是一门共同的语言，文化是没有边界的，使命和价值观只有一个，我们活在同一个屋檐下，分享着共同的食物，那就有着最基本的文化底色，通过提倡共同的价值观来平衡竞争带来的边界效应。

**文化场域：从万科到阿里**

> 案 例

## 给自己部门取个名字

2017年5月，我离开房地产行业跨入互联网行业，负责阿里湖畔园区的开发建设。当时的湖畔已经开始办学3年，我是第31号员工，定级是P9/M4总监，属于腰部力量。当时这个职级虽说已经有很大"水分"，当时10万人的组织中大约有2000多人，早年据说P9总监都是有独立办公室的，到后来就是有些烂大街。我虽算不上创始成员，但也是加入湖畔的第一批行业资深专家。

我在2018年"黑衣人日"上的照片

# 第一篇
# 文化通病

有一天,我的老板Y对我说:你要不给自己部门的钉钉取个名字吧?我开始意识到,我来到了一个与原先完全不同的组织文化当中。刚加入的我还是有些不太适应的。人力部门发了一台电脑和一个工牌给我,工位让我自己挑选,没有部门,没有下属,没有组织架构,领导也根本不管你,上下班不用打卡,全凭自觉,只有一个KPI[1]——新校园按时交付,还有一个代建管理团队——阿里巴巴的智慧建筑事业部的项目部。

当时我身在其中还是看不太清楚,现在回想起来,那是一种创新的文化机制驱动的组织。在信任与授权下,让管理者在专业领域自主工作,培养主人翁意识,当管理者开始思考自己部门的命名的时候,就跨出了以自我为驱动因素的第一步。

我给自己的部门命名之后就开始招兵买马,思考校园建设应该与谁去对标,需求如何收集,代建如何管理,总包单位怎么甄选,教学设施和软装如何采买。慢慢的,我也感受到这里与此前组织的不同,这正是一种山头文化:你打下来,这就是你自己的山头。在这种文化的推动下,我后来的确也发挥了自己十二分的力气,想把一个让学生和老师都满意、让公众喜爱的新校园按时保质交付。

组织一方面给予我极大的授权,另一方面也帮助我在文化上落地,确保不在底线红线上跑偏。比如,即便是给自己部门取了名

---

1 关键绩效指标。

### 文化场域：从万科到阿里

字,但在管理上还是要符合整个集团的管理原则——跟供应商来往要自掏腰包;吃饭要AA制;不允许供应商买单;出去考察要打车,不允许供应商安排车接车送等。

同时,我一开始以为,只要把自己的山头打下来就好了,不用管组织里面的其他人和团队。有一次到了年底,大家都忙着准备年会表演节目,我当时的部门还是只有我一个人,根本没有心思参加,于是就跟我们"政委"[1]请假,被她严词拒绝,要求我一定要参加年会。第一年的年会让我浑身不自在,但后来每一年的年会,我参与得一次比一次深入,最后还主动组织表演节目,担当主角,也算是完成了组织文化的成功融入。

所以,山头可以是你的,事情是可以有边界的,但是组织的文化是不能有边界的,在统一的语境和氛围下,大家才是一个团队,拥有同样的组织文化。

---

[1] 政委:"阿里政委"属于阿里巴巴HR的一种,也叫HRG,是公司驻派到各业务线的人力资源管理者和价值观管理者。配合业务主管一起做好所在团队的组织管理、员工发展、人才培养等工作。

> **第一篇 文化通病**

**案例**

# GE[1]提出的无边界组织理念

"无边界组织"最早由 GE 最辉煌时期的 CEO 杰克·韦尔奇提出，他为了对抗大企业病带来的组织僵化、效率低下和人们思想活力的丧失等问题，提出组织内部不应该有边界，即 Boundary-less，并在自己的带领下践行了这一理念。

无边界组织的特点是：

1.压缩了垂直管理层：没有明显的层级观念，可以随时向最大的老板提出自己的设想并且组成行动小组，从而迅速开始行动，让员工参与决策，进行 360 度绩效评估；

2.取消组织水平壁垒：部门与部门之间没有明显壁垒，因为项目各部门可以跨部门合作快速形成团队，并且有意地取消、模糊、融合一些职能部门；

3.取消外部边界：不是以简单的合约关系维护客户，而是形成一种战略联盟，建立客户与组织之间的内在关联，比如让学员参与到面试当中。

无边界组织认为：思想、信息应该在一个组织里自由流动，不应该受到企业内部的部门、层级之间的隔阂和外部组织，如客户、合作伙伴之间的壁垒而造成"淤堵"。

---

1　GE，General Electric Company，即美国通用电气公司。

## 文化场域：从万科到阿里

　　GE已经是一家百年企业，常青树公司，总部位于美国波士顿，内部创建了克劳顿学院，被誉为美国企业界的商学院，这与阿里的湖畔学院和创研中心很类似，企业大到一定程度就会沉淀自己的管理思想，并且向外输出，GE输出了"无边界组织"，阿里输出了"三板斧"和"七件套"。无边界组织就是500强企业里面一个关于沉淀与输出的最佳实践案例，所以对其他企业是有启发的。

## 保姆心态：爱与不爱，才是最根本的区别

### 智商、情商、爱商

马云说，真正的人才要有三个Q：IQ（智商）、EQ（情商）和LQ（爱商）。

IQ比较容易理解，企业在选拔人才的时候看简历、看名校，甚至使用人才测评工具，其实就是在考察智商。

EQ就是情商，情商高不高有先天的因素，但更多的是靠后天的培养，比如成长的家庭环境和个人的经历等。一个人经历的挫折多不多，心智是否成熟，这都与情商有关系。情商不太容易被测评，但是可以通过经历事情来观察。

最难理解的是LQ爱商，也就是爱的能力。我在来到阿里湖畔之前，无法理解"爱与不爱"其实是一种能力，爱得深沉与肤浅、持久与短暂、专一与多情，这些都是爱的能力。

这三种能力我可以理解为是一种独特的CEO选人"胜任力模型"，而爱商是决定一个人是否能足够投入工作，是否足够相信企业愿景的系数。

# 文化场域：从万科到阿里

## 最爱企业组织的人

最爱企业组织的人，一定是创始人以及联合创始人，还有核心管理团队。如果这个原则被破坏，那组织面临的危机将非常巨大。

我曾经在湖畔听过一个关于爱不爱企业组织的判断规则，觉得挺有道理，那就是：时间在哪里，爱就在哪里；钱在哪里，爱就在哪里。

我认识一位高级管理者，我曾经评价她是除了CEO，最爱企业组织的人。我们曾在公司的一间会议室开会，我发现室内一侧的柜子上放有很多她购买的管理书籍，后来了解到，她其实是把自己风景很好的独立办公室腾出来做了会议室，宁可自己坐部门经理的工位。会议室的一个角落还放着一台唱碟机，周末大家休息的时候，她有时会在会议室听音乐，享受自己的独处时光。

有的职业经理人可能觉得这样的行为不可理喻，但是我真的敬佩无比，一个组织正是因为有这样牺牲小我成就大家的人，才会在文化的驱动下，生生不息地发展。

## 保姆与妈妈的区别

马云曾说，CEO是一个组织的爸爸，CPO[1]则是一个组织的妈妈。这是非常独特的东方企业组织治理的文化价值取向，同时也有着非

---

[1] Chief Project Officer，首席项目官，狭义理解为项目总监。

常深刻的组织设计理念。首先，爸爸和妈妈的共同点都是爱与投入，拥有共同的价值观；其次，他们的分工不同，一个挣钱养家，一个操持家务，很多企业诞生之初就是家族企业，就是这个原因；最后，他们共同养着一个孩子，企业就是他们的孩子。

嘉御基金的创始人卫哲也是从一个职业经理人转为企业家的。他认为，职业经理人和主人翁的区别，就像是"保姆"和"妈妈"的区别，保姆再好，孩子也是别人家的，拿着一份工资，干着专业的事情；而妈妈则不同，或者说奶妈，是喂养孩子长大，把企业当自己的孩子一样在带。

初创团队是有主人翁精神的，因为企业的诞生是大家共同努力的结果，而贡献也很容易被看到，而组织大了以后，个人贡献难以衡量。更多的职业经理人加入，就开始有了职业经理人心态，最常见的就是口头禅"我们就是打个工""给我多少工资干多少活"，甚至还会滋生一种"看客"心态。企业大了，确实可以请"专业的人做专业的事"，但是在核心层还是要坚持主人翁文化。

文化场域：从万科到阿里

案例

## 万科的职业经理人文化与阿里的家文化

万科奉行的是科学的公司制度，以及西方经典的职业经理人文化，这是源自创始人王石塑造的文化和制度；而在阿里的文化里面，则是一种东方的底蕴，一种家文化的倡导。如果用文理分科的概念来解读，万科属于一个理科生创办的企业，而阿里则是一家文科生创办的企业。因为创始人不同，企业遵循的底层组织文化和价值观是大相径庭的。

举个例子，阿里是鼓励同事之间相互交往，甚至结合成立家庭的，在阿里的内网上就有很多征婚帖，在阿里日的时候，我曾经经过一个角落，那就是征婚角。

而且，阿里创始人马云和张英就是夫妻，早期阿里的初创团队中有很多都因为工作结为夫妻，更有太太在阿里工作把先生也招聘进来，先生在阿里把老婆推荐进来。所以阿里的组织文化中有一个特点：办集体婚礼，马云做证婚人。直到现在，每年5月10日的阿里日，都有集体婚礼的环节。

而万科则不然，在万科只要是男女同事开始有谈恋爱的苗头，人力资源的同事就会找双方谈话提醒。因为万科提倡的是职业经理人文化，不允许夫妻双方在一家公司的关联部门工作，防范由于夫妻关系产生舞弊的风险。另外，万科还有一个不成文的规定，就是两个员工如果恋爱甚至结婚，有一个必须离开公司。这是源于王石

# 第一篇
## 文化通病

先生是一个军人出身,他信奉的是科学管理的制度,而在制度面前,人人都要服从。

组织文化只有选择,而无关对错。这背后是对人的信任,也是对制度的信任。一方假设人性本恶,一方假设人性本善,于是造就了不同的企业文化。同样的,在阿里爱不爱公司,爱不爱工作,爱不爱同事,是不是把公司当家,是不是把同事当家人,是不是把下属当孩子,成为一种员工价值观的衡量标准。这也成为一种阿里人身上独有的感性的"味道",也是爱的表达。

## 简单粗暴：就事论事的另一面，是不以人为本

### 生活与工作，是一体两面

我们习惯于把家庭与事业、生活与工作割裂开来看。出门就是工作，回家就是生活。但是，移动互联网时代让我们在家也要用手机工作，在办公室也可以用手机网购。

生活与工作两者是"一体两面"，有着密不可分、相互影响的关系。有些工作当中遇到的瓶颈，生活当中也会遇到，比如一个衣柜整洁有序的人，做工作肯定也是有条理的；家里不整洁的人，往往也是不太会梳理工作的。

原淘宝商城总经理阿里巴巴合伙人张宇（语嫣）曾讲过一个案例：她当时负责淘宝的时候，分类的类目老是做不好，最后她看中一个下属，此人在生活当中就是一个有收纳癖好的人，家里的东西整理得整整齐齐。有一次，语嫣自己在家里休养，这位下属去她家看望她，结果看到她衣柜里面乱七八糟，就忍不住把她的衣柜收拾了个底朝天，搞得特别整齐。她觉得这个人尽管当时没有类目管理的经验，但一定会做好科目分类，最后果然如此。

# 第一篇
# 文化通病

**家庭是最小的组织单元**

阿里新"六脉神剑"价值观里面有一条关于生活的,"快乐工作,认真生活",万科的价值观里面也有"健康丰盛的人生"。为什么在公司的价值观里要放一条有关生活的呢?企业价值观可以管到生活吗?如果你这样做了,我相信很多人都会因为这条价值观而改变,家庭也会因此改变。

马云在定义管理者领导力的时候说,当你从员工做到了主管,给你5个兵,你并不只是管了这5个兵,而是要对5个家庭负责,这就是管理者要承担的责任。反过来,你没有把工作和生活联系起来,将会面临极大挑战。

如何让下属成为更好的自己?那是全方位的,包括成为更好的丈夫、妻子、爸爸、妈妈、儿子或女儿。一个企业组织做价值观教育,不是为了让员工更好地工作,更长远来看,是希望他们成长。只有员工变好了,组织才会变得强大;只有员工的家庭幸福美满了,社会才会更好。

好的企业文化和价值观可以对员工的生活、家庭以及社会产生正面积极的影响。生活和工作是一体的,家庭是最小的组织单元。如果家庭搞好了,治理更大的组织单元也就顺理成章了。

**人是解题路径**

我经常分享《人性的弱点》里的一个关于爱默生和他儿子的故事。

## 文化场域：从万科到阿里

爱默生和儿子的农场里有一头小牛，站在那里不肯动。他们一个拉一个推，想把牛弄进谷仓里面，但那头小牛就是拒绝前进。这时候有个爱尔兰妇女看到了，虽然她不会写作，但是更懂得"牛性"，她把自己的小拇指头放进牛嘴里，一面让它吸吮，一面轻轻地把它推进谷仓。

我们很多的人生问题，都是没有找到那个"小拇指头"，而这也是源于我们的认知盲区。我们往往还会陷在原先的成功路径上使用蛮劲，而拒绝承认自己的能力短板。

于是乎，我开始改变我的行为和思考习惯，到后来每次遇到问题不是先想如何解决，而是先思考：我能不能解决？谁可以解决？以及什么是解决这个问题的"小拇指头"？谁是那个"爱尔兰农妇"，可以找到"小拇指头"一般的解决路径？

当遇到棘手的问题，找到问题的关键点、关键人和关键路径十分重要。这也是当时我的老板经常把我问倒的问题，解决这件事的"关键点"在哪里？这个人的"死穴"在哪里？

单纯地就事论事，会导致我们忽略问题的关键解题路径。

第一篇
文化通病

案例

# 员工流失率高，原因是管理者的简单粗暴

我曾经与一家公司的管理团队探讨他们员工流失率过高的问题。团队规模大约2000人，是一支以硬朗、扎实、迅速的风格闻名的销售铁军。但是到了年底，这个组织的人才流失率是25%，其中不乏销售冠军和公认的优秀人才。

管理者们讨论了很多原因，比如行业属性、收入待遇、竞争对手挖墙脚、工作压力大、生活无法平衡，甚至是政策引起的市场下行导致员工对行业丧失信心，等等。在我看来，这些都是外部原因，而我们的管理者恰恰是没有从自身去找原因。

我提出问题：组织一边在"失血"，一边要"输血"，如果不尽快"止血"，那谈何长期发展？谈何行业尊严？难道我们要每4年换一遍人吗？于是，我给他们布置了一个任务：去访谈一下去年的离职员工，因为既然人已经走了，"亡者"是不会撒谎的，也会给组织提出一些根本性的建议。

马云说，作为一家公司的CEO，他一般会关注两个离职率，"新员工流失率"和"十年以上老员工流失率"。新员工离职的原因一般是组织给了新人过高的期待，结果新人一看，完全不是说的这样，掉头就走了；十年以上老员工的离职原因往往是企业的组织文化和价值观发生变化了，老人心寒了才会走。

一周以后，访谈的结果让大家非常惊讶：从优秀员工角度，离

## 文化场域：从万科到阿里

开的原因并不是我们看到的那些外部原因，诸如行业下行、竞争对手挖墙脚等。在离职理由中，提及率比较高的关键点是：管理的简单粗暴、管理者的失信、公司政策的频繁调整、报销制度的不人性化……让他们身心俱疲。而这些恰恰都是管理的精细度问题。

就事论事，管理简单粗暴的情况经常如此：与下属沟通只是耍脾气骂人，没有任何辅导；绩效反馈谈话更是没有，只是让你干活，干出来的留下，干不出来走人。短期绩效主义下就是视人为器，而不是视人为人。人是工具，而不是目的。这些追求短期绩效、官僚主义、失之公允的管理文化，往往就是优秀人才离开的原因。

# 官僚文化：科层制组织的跌落陷阱

## 科层制组织

科层制的提出者、社会学家马克斯·韦伯认为：在现代工业社会中，科层制既无可避免也是必需的。

正是那种像一台机器一样的组织运转效率，带来了经济的大繁荣，这也同时表明，科层制无论是在范围还是在强度上的增长都很明显是不可阻挡的，是工业文明发展带来的必然规律。在科层制组织里面，让整个组织听从统一指挥，指挥中枢通过简单直接的"指令式"管理，极大提升了组织的统一性、聚合力和工作效率。

但是韦伯也认为，科层制结构也是有负面作用的。它强加了一种新的控制形式，现代社会中的个人越来越受制于科层制的僵硬规则，就好像被困在理性化的"铁笼"中，底层的创新因为层层的等级，永远无法让顶层的人真正地看到组织的活力，从而陷入僵化，成为一种头部指挥思考、腰腿只会行动的组织。

# 文化场域：从万科到阿里

## 科层制容易滋生官僚文化

科层制的组织文化强调上级的绝对控制权，所以才会高效，但副作用就是让权力中枢滋生官僚文化。

官僚文化的产生往往就是因为你在这个位子上，有了权力，对下属可以"为所欲为"，做事情开始只动嘴，而不用再亲力亲为。你不再体恤民情，甚至远离客户。管理者一旦习惯了被下属"伺候"，就会再配备几个助理和司机，享受起助理的端茶送水、鞍前马后，甚至有的管理者把自家的事情也交由助理去办。这样其实是用公司资源在做自己的事情。

分享一个我自己经历的"让员工买咖啡"的故事。之前在地产行业，我也曾经管理过300多人，包含物业服务、招商服务、餐饮经营、公共管理等。当时的我那叫一个"呼风唤雨"，让下属给我买杯咖啡，那是没有人说不行的。可来到湖畔以后，我也习惯性地让我的下属买咖啡，居然遇到他的"灵魂三问"：为什么是我？你不会自己去买吗？给我工资是让我给你买咖啡的吗？问得我哑口无言。

我后来发现，阿里的干部原来并不是那么好当的。真正优秀的领导者才能让下属心甘情愿地给你买咖啡，因为你对他们的付出，教给他们的东西，以及带领他们拿到的结果，是值得他们为你这样做、值得为你卖命的。

第一篇
文化通病

## 从科层制到"临时体制式"

商业组织为了追求效率,广泛采用科层制结构,但是在互联网企业,尤其是创新型的公司中,采用的是一种去中心化的组织,遵循一种去官僚化的文化,管理者要尊重组织里面的知识创造,而不是尊重"职级岗位",更要有"俯首甘为孺子牛"的领导力风范,尽量扁平化沟通,尽量尊重下属的创造力,才能激发整个组织细胞的活力。

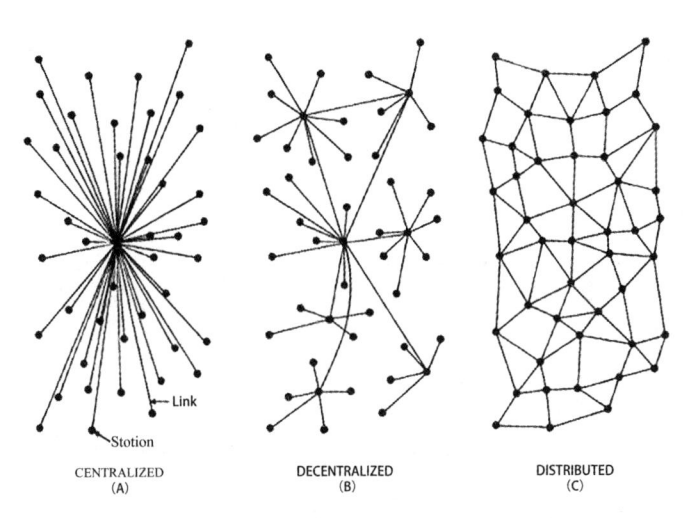

组织从中心化到去中心化的链接方式区别

金·卡梅隆在他的经典著作《组织文化诊断与变革》里面讲到了组织文化会从部落式转变为市场为先式,再从等级森严式也就是科层制,最后就慢慢进入了一种缺乏创新的窘境,而进入衰退期。而

**文化场域：从万科到阿里**

理想状态下，组织如果采纳了临时体制式，一个个由各种牛人临时组成的创新型自组织会重新出现，并且在组织内部找到新的创新机会，组织或许就可以找到跨越周期的"第二曲线"。

第一篇
文化通病

> **案例**

## 卫哲从领导权到领导力的转变

卫哲曾经分享过自己到阿里以后认知转变的过程。

卫哲在来阿里之前是英国建材销售公司百安居（B&Q）的CEO，职位是由英国任命的，也就是说，他是被"选拔"出来的，而真正的领导者是被"选举"出来的。

在一个权力体系中，领导权是被"任命"的，就像英国董事会任命他做百安居中国CEO，任命在英文中叫Selection（选拔），就是说人是被某权力中心"挑出来"、选"拔"出来。而真正的领导力不是"被任命""被选拔"的，而是因为有领导者的才干，从群众中脱颖而出的，就像是被"选举"出来的，英文叫Election（选举）。选举出来的领导者，天然就会有很多追随者。

在权力为核心的科层制组织中，到了一定阶段有人会任命你为管理者，把你放在那个叫"领导"的位子上，但是，这并不意味着你就具备了"领导力"，而是因为当时你有着"领导权"。当一个人被选拔出来的时候，他往往是"向上管理"做得相当不错的，但向下带团队未必就真的好。

领导力和领导权是两码事，很多管理者是把"领导力"与"领导权"搞混淆了，创新型组织的创始人，一定是有领导力的，因为在创办企业的时候一定是带着一帮兄弟一起干出来的；而大企业当中的职业经理人则未必都具有领导力，他们因为技术、专业、经验

## 文化场域：从万科到阿里

或者与高层建立的信任，被放到领导岗位。当他自己意识不到自己的管理问题时，下属是非常痛苦的，当然绩效结果也未必是好的。

很多在中国的外资企业相当于是其全球化的一个"分公司"，总公司在管理分公司的时候往往指派一个价值观相符的"代理人"，然后自己通过人才发展计划培养这样的"代理人"。所以很多在外资企业成长起来的管理者，往往对执行是非常有经验的，但是就创业而言，外企出身的高管创业者是少数。因为长期的职业习惯，他们习惯了被任命的领导权，而没有在一路打拼中成长起来的领导力。

## 戏精文化：心口不一，价值观不看口号看行动

### 组织文化的生命周期

伴随着企业的成长，组织文化的形成也有一个生长的过程，通常每个组织从无到有、从小到大、从幼稚到成熟，都会经历以下四个阶段。

第一个阶段，先是创始人驱动，一批人一起做一件特别牛的事情。这个阶段的组织文化驱动核心主要是创始人。

第二个阶段，是文化逐渐演变，产生机制和制度。就是当人多到一定程度，发现只靠堆人不行了，靠人与人之间心口相传的文化也不行了，需要有制度来提升效率。

第三个阶段，是显性文化场域的产生。随着组织越来越庞大，机制只是让组织更规范和高效，文化场域的不断显性化，是驱动组织持续发展的底层活力。

第四个阶段，就是人才源源不断地产生。在强大的文化驱动力下，组织内开始产生、训练、培养出人才，如果人才可以继续留在组织内部，那将产生出更加旺盛的生命力。

当然再往后，任何组织文化都会像一个肌体的自然规律一样，

## 文化场域：从万科到阿里

对抗"生老病死"。组织也将不可避免地进入一种衰落的趋势，这种趋势像地心引力一样把走过 0 到 1 的组织推向平庸。爱迪思在他的成名之作《企业生命周期》中就有过 10 阶段的理论，我们要承认企业就像人一样，是有生长周期的，百年企业只是凤毛麟角。

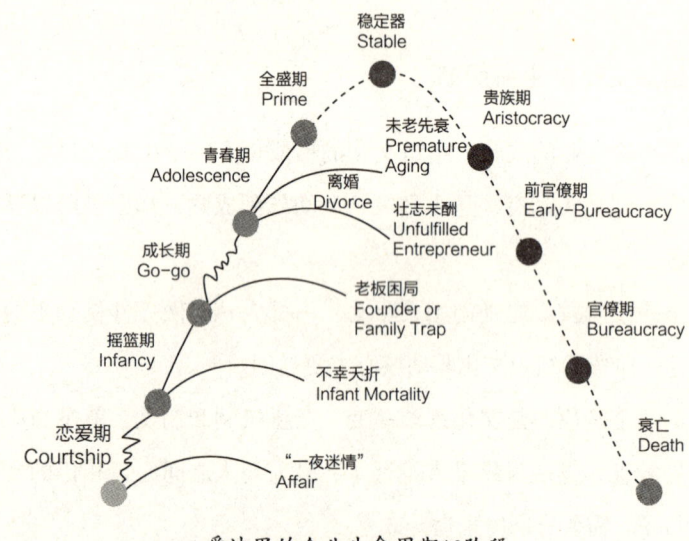

*爱迪思的企业生命周期10阶段*

### 戏精文化就是心口不一

如果组织文化成功跨越生存期，进入青春期，市场竞争和资本会把企业推向更大的规模。而在这个被"催大"的过程中，组织本身也开始膨胀，这种膨胀不仅是物理上的，更是内心的膨胀。这会让管理层产生出一种自己无所不能的幻觉，官僚主义开始滋生，缺乏危机意识与奋斗精神。这是大企业病的开始，也是组织走向平庸的转折点。

大量新"精英"的加入就是组织文化的稀释剂，很多"精英"通过某种"文化伪装"进入组织，只是一两次的面试，或者猎头的推荐、简历的背调，甚至是各种测评工具，其实都无法真正识别这个人的底色。

因为这些人有短期套利的目的，所以就开始各种演：说政治正确的话，说溜须拍马的话，察言观色、八面玲珑，明明知道决策有风险，还是从政治角度说话而不是站在组织立场说话，对上谄媚，对下声色俱厉。

## 戏精文化，会驱赶想做事的人才

日益滋生的官僚气息和戏精文化，也会驱赶那一群真正想做事情的人。因为真正想做事情的人是不想搞一些有的没的口号，然后浪费时间演戏的。有话直接说，有问题直接提，商业组织就是为了效率和解决客户问题而存在，适当的配合是需要的，但事情的达成不是靠演。

戏精多了，而且活得不错，会让正直的人才开始对组织感到失望，久而久之，企业健康的肌体开始产生各种问题，如果问题没有从上到下得到彻底解决，就会盛极而衰。

### 文化场域：从万科到阿里

心口不一的戏精们，只要关键时候一顿演，就可以保持平安，这种混日子的状态是我们需要十分警惕的；而实干家会因为组织默认表里不一、心口不一的人存在，离开组织。

**案例**

## 让毒草长在阳光下，阿里的内网文化

内网几乎是所有阿里人在工作或者闲时都会挂着的网站，阿里同学相互见面时候打开话匣子最好用的标准语句就是："哎？同学，你最近看内网那个热帖了吗？"

我们外界看到的很多有关阿里的八卦都是来自阿里内网，比如当年王坚博士被任命为阿里巴巴集团CTO的时候，在内网上就引起了轩然大波，大家普遍质疑"他不配"。但是自信的王坚博士在长长的帖子后面回复了一个：此时此刻，非我莫属。这引起了又一轮的轩然大波和口诛笔伐。最后还是马云出马一锤定音，力挺王坚才平息了这场内网风波。此外还有很多类似P8事件、月饼事件，大大小小的八卦和投诉，内网都是发源地。

从组织文化的角度看，内网就像是一个大广场，在这个广场里谁都可以畅所欲言，但是有一个原则：实名制。阿里的内网是实名的，这与其他互联网公司不同，而且管理者非常坚持实名在线发表自己的观点，这是一个机制层面的坚持。

我们这几年听到的许多阿里相关的八卦都是来自内网，似乎阿里内网成了阿里丑闻的代名词，阿里大可以把内网关掉，让流言在空中飘荡。但是为什么阿里至今仍坚持内网？坚持让员工实名在网上发帖？

一个大组织自信到可以让所有的员工在一个平台上畅所欲言，

### 文化场域：从万科到阿里

发表自己的观点，这是一种组织"免疫机制"的设计。就像一个人的肌体，需要白细胞去对抗入侵的病毒，而免疫机制的设计往往比等生病了再去找医生吃药更为重要，也是组织保持长期健康的基础。

阿里有一句老话——让毒草长在阳光下，就是这个机制背后的价值取向。群众的眼睛是雪亮的，而群众的智慧也是组织长期进化所依赖的。

## 视人为器：旧工业时代的管理思维

### 从"对事不对人"，到"对人不对事"

第一次在湖畔听到"人性"这个词，是关于一种对管理者能力的描述，一种叫做"懂人性"的能力。

我当时听到这个管理理念时特别不以为然，并不认为"懂人性"会是一种能力。之前在万科讲的能力是产品能力、专业能力、服务能力；在万科经常讲一句话叫"对事不对人"，这些都是与"做事"相关的能力。其实还有跟"人"相关的能力，后来也慢慢了解到，对事而不对人往往是行不通的，于是逐渐开始关注人，甚至开始"对人不对事"。

"懂人性"指的是有深刻的洞察人的基本动因的能力，有快速理解和分析辨别一个人行为价值观的能力，只有懂了人性，才会看到一个人未来的行为习惯和行动方式。到了企业创始人、一把手这里，懂人性就是其最为重要的能力，一个人的力量是微乎其微的，能够达到的成就也是有极限的。企业家和管理者要通过了解人、管理人、驱动人、驾驭人来获得企业想达到的结果。如果把人比喻成一个操作系统，那"通达人性"就是知晓这个操作系统背后的语言，知道如何输入输出。

## 文化场域：从万科到阿里

### Doing 背后的 being

我们这一代人从小到大所接受的教育都是"学好数理化，走遍天下都不怕"，于是很多人从小都想当科学家，后来文理分科，开始了漫漫理科生的修行。但在我们从小到大的教育当中，从来没有像学理科一样系统性地学习过如何"通人性"。其实，处理人与人之间的关系，比处理事情本身要复杂得多：比如，如何认知自我？如何理解别人？如何通过别人来达到目的，获得解决问题的路径？

以我自身的工作经历为例，我之前在万科所处的工作环境，提倡的是相对简单的人际关系。我之前的老板一直告诫我们"对事不对人"，而且经常说的一句话就是"世界离开了谁照样转动"。因此，人在整个企业组织里面就像一个机器上的螺丝钉，只会一门心思做事。但是，高层管理者们不能只琢磨事情，还得培养琢磨人性的能力。

到了湖畔以后，我参与了一些湖畔训练营、学员面试，还旁听了不少湖畔的分享，其中很大一部分就是关于"人和组织"的发展经验。我也慢慢建立起"人事合一"的思考习惯。说不上自己有多么高明和多么有远见，但是开了窍之后，反思了不少之前经历的事情，真是懊悔自己在这方面的领悟能力弱，让自己在"人"这件事情上，走了不少弯路，浪费了许多机会。

### 人事合一

"人事合一"是一种可以培养的能力，是一种高级管理者必须具备的素质。有一些简单的技巧和方法可用，比如"生命曲线"就是一种用于人的发展的工具，能够可视化看到自己的过去。它的基本理论源自邓宁—克鲁格心理效应，它是衡量自我成长的工具，也是面试的时候最常用的一种认知人的工具。

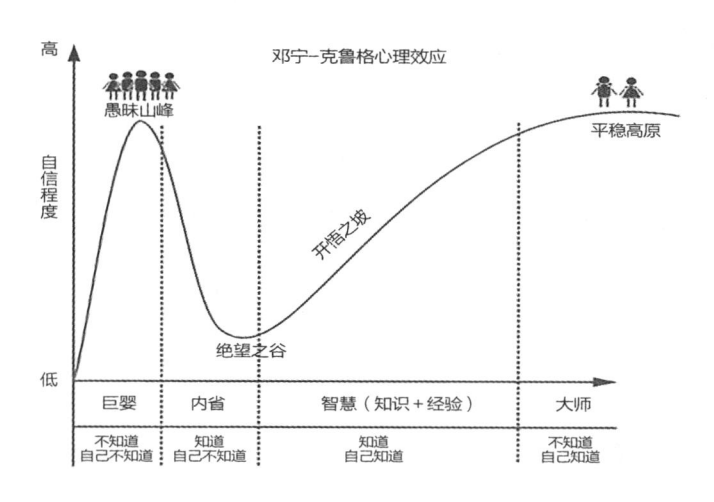

邓宁-克鲁格心理效应

纵轴：自信程度（高／低）

- 愚昧山峰
- 绝望之谷
- 开悟之坡
- 平稳高原

横轴分段：巨婴 | 内省 | 智慧（知识+经验） | 大师

对应状态：不知道自己不知道 | 知道自己不知道 | 知道自己知道 | 不知道自己知道

每个人的成长都是经历着一个又一个的U形谷底

当我们把自己的人生画成一条曲线的时候，横轴是时间，纵轴是成就与失败，随着时间的推移，一个人的成就与失败是可以看出规律的，成就的顶峰就是一个人的"高光时刻"，而低谷就是一个人最低潮的"至暗时刻"，这两个时刻都有背后的驱动因子，也反映了一个人现在的状态。

文化场域：从万科到阿里

**案例**

## 海底捞张勇doing背后的being

我们说"行为"的背后都是有"动机"的。那一个创业者的创业"动机"又是什么呢？很多人都有一颗不安分的心，然后想做出一点惊天动地的事情，或者说是想赚一点钱，让家人过上好日子。

海底捞创始人张勇说，他的创业初心就是"赚钱"和"一定要过上好日子"。他分享了自己童年时期的一个故事：他小时候家里很穷，他的母亲一边打工，一边还要操持家务，把家里几个娃娃带大。母亲其实是一个非常善良的人，也很乐于助人，但是有一次家里亲戚得病，问她家借钱，她母亲硬是不给，因为钱要留给自己家的娃娃读书。

幼年时期的张勇看到了母亲的纠结与痛苦，一方面本性善良想帮助别人，另一方面又因为囊中羞涩而只能选择保全自己。他当时就暗自下了决心：长大以后要赚钱，要赚很多钱，让家人过上好日子。所以海底捞的价值观就是——双手改变命运。

他从简阳老家开始，一点点地带着他的初心和团队，丝毫不忌讳跟他的团队分享他赚钱养家的理念，而在海底捞的组织文化当中，那种为了让客户体验极好的服务，也让张勇赚到了比其他餐饮企业更多的利润，员工也分到了更多的钱。

张勇分享的另一个他创业初期的故事，也让我们看到了"人事合一"理念背后的企业经营管理智慧。当时他只有一家门店，开在一个小区的楼下，店里的生意已经开始红火起来。他有一个习惯，就是打烊以后还要回店里去看看，但是一个晚上，他撞见了一个非常不开心的事情。

店里的员工在打烊以后把卷闸门拉下来，就在里面开始涮起了火锅，吃起了夜宵，而且吃着店里最贵的毛肚，还谈论着店里老板的一些八卦。员工们不知，张勇恰好就在卷闸门外面听得一清二楚。如果按照张勇的脾气，他都想踹门进去拿起凳子砸过去。但是他转念一想，要是打了员工，以后还怎么赚钱做生意？

于是他硬是咽下了这口气，但是也不能让员工太嚣张，就在门外制造出了一些声响，让员工以为老板还没听到，四散逃窜。第二天员工问他，他也装作什么都没听见，但是暗自下决心要管理好公司的员工文化。

## 文化不自信：邻居家的孩子，别人家的老公

### 缺乏文化自信

我发现，企业进行过多的文化、方法或者工具的对标学习，都是因为缺乏"文化自信"。就像身边的有些朋友，老是觉得邻居家的孩子好，别人的老公、老婆好，这山望着那山高，并没有真正花心思在内部的知识沉淀、文化挖掘和经验总结上。

现在，我们国家也在提倡文化自信，不要老是觉得西方的舶来品有多好，也不要迷信那些方法论，当我们有了文化自信以后，自己家里老底子的东西是个取之不尽、用之不竭的宝藏，里面肯定蕴含着非常丰富的智慧。我们要做的就是辩证分析，取其精华。

有一次，我跟一家公司的CPO（首席制造官）交流，她说：我们公司是最像某业界公认优秀公司的一家公司。其实当她说出这句话的时候，就好像在说，我们家的孩子是最像班级里优秀学生的孩子。如果母亲都不认为自己孩子优秀，而是觉得班级里的其他孩子优秀，那只会让自己的孩子不自信。其实，这位CPO的态度也反映了她对自己的公司组织文化的不自信，对自我管理风格的不自信。

其实每个组织，都有自己的"三板斧"，都有自己的基因，也

有自己的风格，只是它还在孕育当中，浑然不自知，更没有达到自洽。何谓好？何谓不好？什么又是好的标准呢？难道规模小就不优秀吗？难道不上市就不优秀吗？

**向身边的世界500强学习**

我发现，很多传统行业的人可能对"向阿里巴巴学习经验"的提法比较反感，都觉得阿里是互联网平台经济公司、电商企业、B2B销售起家等，同时也说马云是老师，这样的组织文化学不会等各种"学不会"的假设。

我们其实要换一个角度来看阿里的经验：外部视角，阿里已经不只是一家电商公司，而是一个庞大的万亿美元市值的经济体，世界500强，引领了浙江政府的数字化发展，改变着整个城市的面貌。

从内部视角看，阿里的经验不只是以使命愿景为代表的组织文化的成功，阿里在快速成长的过程中积累内化了GE（通用电气）、Yahoo（雅虎）、Google（谷歌）、Amazon（亚马逊）、Microsoft（微软）等公司的经验，不仅是500强外企，甚至有台湾地区企业沉淀多年的企业管理经验。

现在，全世界都在学习中国文化下的企业管理智慧。我相信，向阿里对标学习会成为一个不只是在互联网行业的趋势，学习的也不仅是其战略，更有组织文化、企业文化和管理经验，以及数字化的经验。

文化场域：从万科到阿里

### 组织文化的咖啡馆理论

我们进入一个组织，就像走进一家咖啡馆，墙上的装饰、桌椅摆设、咖啡的味道、服务员的服务，一切都是这家咖啡馆文化的一部分。我们作为一个干预者进入，要先成为这个咖啡馆环境中的一员，融入其中，并作为一个日常的客人去享受一杯咖啡的服务。然后通过自己的专业观察，发现每个行为器物背后的原因和历史，找到关键问题和关键时刻，发起干预，让其上升一个新的台阶，继续存在，然后体面退出。咖啡馆继续日常经营，而咖啡馆的"味道"已经发生变化。

这是我在转型人力资源领域做顾问咨询、企业教练时，关于方法论的比喻，也是我的教练对我的指导。我一直秉承着这样的理论进入一个组织，然后以全然的好奇心和不带任何假设的观察，找到显性文化背后的机制和成因，分析文化需要转变的方向，试图干预。有时候或许就是体验观察，而选择不干预，因为那可能已经超出我的能力范围；也有可能文化原本就自洽，还没有到需要变革的时候。

第一篇
文化通病

**案例**

## 建筑是表达文化自信的场域

来到阿里的湖畔，感受到互联网新经济蓬勃发展后带来的一种全新文化场域的体验，这是一种"New Money 新钱"和"Old Money 老钱"之间完全不同的文化体验。

先讲"老钱"。人类百年工业文明发展到最后的，以金融业为食物链顶端的文明特征，就是老钱。以美国华尔街文化为代表，这种文明有着深刻的工业文明思维，最典型的就是西装笔挺，做事规范有套路，处处彰显着工业文明的精致与经典，主要从事金融、制造、石油、钢铁等领域。

而"新钱"则是以美国硅谷文化为代表，表现为互联网经济崛起以后，新经济文化熏陶下的数字经济文化，这些人典型的特征就是不遵循传统，甚至要颠覆传统，比如埃隆·马斯克、乔布斯、比尔·盖茨等，都是新经济和文化的代表人物。他们始终穿着T恤、牛仔裤出现在世人面前，在数字经济领域，他们是完全的意见领袖，各种行为和言辞都是要颠覆传统的样子。

建筑是彰显文化自信的最大器物。当一个组织强大到一定程度，就会希望通过建筑物来展示自己的文化与价值，这个建筑会被视为一种文化象征，比如代表美国工业鼎盛时期的帝国大厦、洛克菲勒大厦、丰田中心等。随着数字经济的崛起，杭州的"新钱"也在不断聚集，必然也会有代表"新钱"文化的建筑出现，比如阿里

### 文化场域：从万科到阿里

的总部园区，良渚的美丽洲堂、大屋顶，当然还有湖畔创研。

湖畔创研中心的新校园建筑就坐落在未来科技城

随着财富的创造、人才的聚集，杭州这座城市的"自信"也在逐步重塑。以前人常说杭州是上海的后花园，现在上海的风光也似乎要被杭州比下去了，杭州主要的世界级企业就是阿里巴巴，当然现在还有海康威视、吉利汽车等。杭州整个城市的文化也在被新经济的文化所逐渐影响，形成一种"既有传统古韵，又面向未来"的独特城市文化气质。

我在五六年前，因工作关系频繁往返杭州与北京，当时就有一种感觉，杭州将要迈向甚至超过超一线城市。因为数字经济的崛起，当然也是阿里在背后起的推动作用，阿里生态诞生了淘宝天

# 第一篇
## 文化通病

猫、支付宝、阿里云、高德、钉钉、盒马等一系列的新经济公司,在全国范围内吸纳了大量人才。

此外,在共同富裕号召下,还有更多的非营利机构诞生,比如阿里公益基金会、蚂蚁公益基金会、马云公益基金会、云谷学校、湖畔创研等,这些也将把杭州推向一个更为国际化、多元化、年轻化、科技化的数字经济之都。新杭州人继续延续随意舒适的江南风格,穿着T恤牛仔裤和球鞋,杭州这个城市的气质未来也会越来越向硅谷靠拢。数字经济的蓬勃发展,带来的人口结构改变也将让这座"小家碧玉"的城市出现更多"大家闺秀"的风范。这些新引进的人才也将潜移默化影响这座城市的文化,塑造一座城市的文化自信。

# 第二篇

## 内化于心：

心智模式的认知与升级，组织文化场域生成的10个要点

心智模式（Mindset），源于哈佛大学凯根教授的成人发展理论，是一种对人的解读与总结的方法。打个比方：手机要正常运转除了需要硬件还要有软件，就是操作系统。我们每个人除了"客体"，还有"主体"这个操作系统。不经过深度学习，我们无法洞察自己的"操作系统"，没有洞察就无法升级，而像iPhone的操作系统，到现在已经升级了十几代。我认为组织文化最要理解的就是人，文化因人而生，也因人而成，更因人而变，而理解人的主要路径就是认知"操作系统"。这里总结了10个与个人的操作系统认知相关的要点，试图梳理一种层层递进的生成规律和设计思路。

## 无名特质：刻在骨子里，却并不显性的心智模式

### 基本假设

"基本假设"是《组织文化与领导力》作者，也是组织文化领域的领军者埃德加·沙因先生提出来的观点。他认为"基本假设"是文化最深层次的表现，是一种潜意识。他拿荷花池做比喻：荷花与荷叶

### 文化场域：从万科到阿里

是我们看得见的东西，这些都是行为器物；藏在水里的茎是我们看不见但是可以理解的，这些就是制度、流程、系统；基本假设就是藏在泥土里的藕，是一种潜意识。

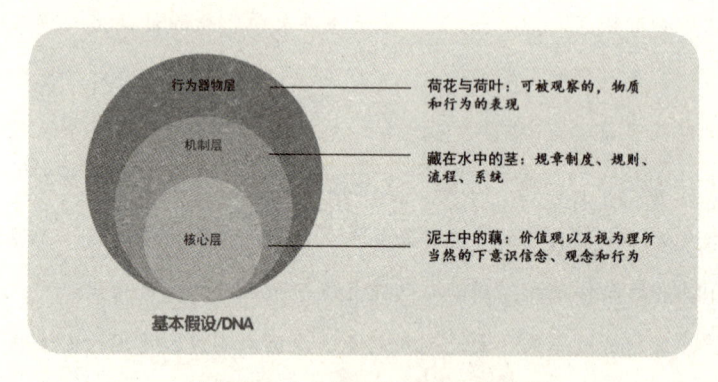

埃德加·沙因组织文化的睡莲模型

阿里早期在招聘面试的时候有一个岗位叫做"闻味官"，我认识阿里的第一个闻味官Sandy，她在离开阿里后选择了自己创业，阅人无数的经验背后是一种直觉和能力。其实闻味官要感觉的就是人身上的"基本假设"，可以理解为味道或者气质，这种说不清道不明的东西确实很难用语言表达。

很多道理都是相通的，奈飞和亚马逊的面试机制里面也有关于"闻味道"的存在，在人力和业务需求方面试的时候，会邀请三位将一起工作的同事参与面试，他们要负责回答的问题就是：这个人招聘进来以后是否会成为他们的朋友，他们会不会带他出去玩。如果味道不对，他们是有一票否决权的。

# 第二篇
# 内化于心

我试图解释下基本假设,如果再以阿里作为案例,基本假设就是那种阿里人走路摇头晃脑的,说话直来直去的,行为一身正气的,随时可以挺身而出的,源自草根、平凡、随意,但是内心又是充满阳光、正义、正能量爆棚、元气满满的那股子劲儿,一种行侠仗义的平凡人的感觉。

## 膝跳反应

阿里集团CPO(首席人力官)童文红讲过一个词:膝跳反应。一个跟组织共同成长起来的核心骨干的那种不经过思考的反应,就类似我们在体育运动当中说的,形成了组织的"肌肉记忆"。因为在组织文化里面浸泡久了,就慢慢产生出了这种有"膝跳反应"的能力。她当时形容的是一个价值观冲突的场景,身为女性的直觉反应,她也是最为本能地感觉到"这好像味道不太对"。

当遇到价值取舍判断的时候,从理性的角度出发,公说公有理,婆说婆有理;而从感性的角度出发,往往面对问题时类似直觉的第一反应才是最直接高效的选择。但是这种直觉在一个组织的核心人员当中往往是不自知的,是需要被不断地告知和自我强化的。

我们有时候会用"行走的价值观"一词来形容一个人在组织内是价值观的践行者,并且是360度无死角的践行者。如果组织里有这样的员工,那一定是组织最为宝贵的财富。

文化场域：从万科到阿里

## 从治家到治组织

说这么多只是希望创始人要明白，自己的气质是可以被不同程度地"生长"和延续到整个组织，成为行动的价值观和文化的，就如同一个大家族的家长塑造的"家风"一般，而这种气质的存在就是组织文化深层的"无名特质"了。王石先生曾经说过，他留给万科最宝贵的就是文化和制度，此话不假。

柳传志先生讲"治家"与"治理公司"是一回事，比如他会在儿女人生选择最关键的时刻跟他们谈话，让他们自己承担起选择的后果。另外，他还有一个很有意思的比喻，儿女回家吃饭就像公司开月度会议的机制一样，柳老会要求儿女不论在世界何处，每月必须到家聚一次餐，然后在吃饭的过程中了解每个家庭的情况，如果有问题也会通过饭后谈话积极干预。相信这样的治家之风，也会随着他的人生智慧一起被传承和吸取，在更大的范围内起到积极的作用。说大了是弘扬社会正气，说小了治理得了一方天地。

组织文化做得好，员工教育得好，是可以对社会起到积极作用的，所以马云才会给员工的家人和父母写报告，告诉他们孩子在公司的工作与改变，相信这群人以后走上社会后，也会起到更多积极的作用。

## 第二篇 内化于心

**案例**

## 阿里人的味道，一种组织里的无名特质

亚历山大在《建筑的永恒之道》里面提出"无名特质"（Unknown Character）的概念，这是一种建筑上体现的无以名状的规律和特征，这种特征是源于自然环境中人们潜意识里面对美的认知和外观表达。相对于建筑的无名特质，基本假设就是在人行为上的无以名状的、无法形容的、难以概括的特质。

基本假设是创始人带来的一种气质，一种创始人与团队在一起惺惺相惜，日日相伴，然后慢慢同化出来的人与人之间一种气息和气韵的交换。阿里有一个词叫"闻味道"，讲的就是一种无法言明的团队散发出来的气质。

当年我在万科的时候有个小故事：有一次我和两个领导一起去新加坡考察，看是否能与当地一个教育机构的创始人合作，她在新加坡特别有名的餐厅宴请我们。当我们坐下，还未开口，她就夸赞道：你们万科好厉害。我们问为什么？她说万科居然可以把员工的发型都变成一样的。

我们当时面面相觑，发现三个人的头发确实都是平头。而且当时万科有个说法是，领导层级越高，他们的头发越短。这也是源于王石在创业前是军人，所以把军人的文化带到了公司，逐渐延续下来成为一种组织的无名特质，发型当然也可以理解为是外在的表现。

## 文化场域：从万科到阿里

阿里很多早期的高管，到现在都是布鞋素衣、卫衣牛仔，市井气质浓厚，其实他们身价早已比一个戴着百万手表的小老板要高得多。那不是因为他们没有钱打扮，而是因为他们还在坚持当年创业初期的一种草根精神与文化。

阿里的文化当中有一种草根精神，这也是源于创始人马云的坚持。马云高考失利，从教书匠到做翻译社，最后再开始创办阿里巴巴，最早期的办公室在杭州城西的湖畔花园小区。搬出湖畔花园到华星后，办公室装修也一直保持简单够用就好的原则，甚至到了现在，办公室还是追求一种简单明了的风格，会议室要能够"听得见争吵"，办公位要能够"看得见同学"，衣服都挂在工位旁边，还要有一张行军床，可以拉出来睡午觉或者加班留宿。

尽管现在阿里是世界500强，不可避免地走向精英化，比如支付宝的蚂蚁集团，但是比起同类的500强公司，他们的办公楼装修、高管风范，仍是朴素低调得多，而且工作久的管理者们大多以坚持草根文化的底色为荣。草根文化背后是深刻的实用主义，而"实实在在"也是浙江人身上的一种独特气质。

> 案例

## 对人的体感与对建筑材料的质感

互联网公司的园区,很少有品质感和精致感,而是一种熙熙攘攘、五彩斑斓的氛围。

比如互联网大厂的会议室墙面都是可以书写的,桌椅都是可以移动的,开会都是可以站着、走着的,会议上各抒己见都是可以"蹬鼻子上脸"的。在过道上就可以听到会议室里的吵吵闹闹,那种去中心化,鼓励创意创新,去精致、去层级、去思想约束的氛围到处可见。

从建筑角度出发,那就更显得粗糙了,往往因为不太重视外形,建筑的外观都比较普通简单,而且很明显是复制粘贴出来的建筑,所以被人形容成"大厂"。就像工业时代产生的血汗工厂一样,不同的是一排排的车床换成了一排排的办公桌,生产工具从铁锤换成了笔记本电脑。

有一次马云说领导都想来参观阿里巴巴,结果来看了以后说:你们就是一张桌子一台电脑,没什么好看的。其实不然,很多行为举止和饰物层面都是比较个人化的,因为这个组织强调个性的底层驱动,往往从上往下的那种贯彻执行、统一步调的文化很少。

有人总结过腾讯与阿里的不同之处,一个是理科生,一个是文科生。这不仅是在形容马化腾和马云的出身,也是说明创始人带来整个组织的气质。想想确实如此,在对待金融这件事情上,腾讯的

## 文化场域：从万科到阿里

钱包业务就有理科生的冷静和低调，而支付宝就比较感性和跳跃。

在以互联网文化为主的公司，往往讲的是"体感"，基本不太会有"空间感""体量感""材料的质感"等这一类的专业术语，这也是行业文化之间最大的差异。就像理科生喜欢动手做手工，而文科生喜欢读诗歌文学。

回到房子这个产品的话题，说到产品主义，我希望在互联网文化浓厚的北京可以植入更多的产品主义的追求。比如我常告诉团队：KPI目标只是分解出来的一个数字，对我们而言只是一个交付的时间点，而建筑本身才是我们更要关注的，才是传世的作品。

与幕墙工人在屋顶看施工进度

以前在杭州万科，我的老板常常教导我们：我们的每一个产品，都是一个精品，一个给客户的家。我经常拿这句话来回看当时的工作：湖畔不仅是一个作品，更是一个供创业者使用的家，一个企业家的精神家园。

　　这个作品要延续很多年，也会被很多人观赏和使用，更是被后人学习或者评价的一个可以看得到摸得着的庞然大物。那我们如何可以对得起我们的作品？

## 使命：从哲学思想到组织文化实践

### 哲学思想底色

卫哲在进入阿里担任CEO的时候，马云推荐给他两本书：一本杰克·韦尔奇的《赢》，一本《道德经》。阿里企业管理的精髓就是融合东方的哲学智慧和西方的企业管理经验，湖畔独特的教学体系也是源自阿里创始人的企业经营管理实践。我们理解"使命"也可以从结合东西方这个角度看，同时更要关注源自东方的哲学思想底色《道德经》。

《道德经》是中国本土的哲学思维，老子写道："天长地久。天地之所以能长且久者，以其不自生，故能长生。是以圣人后其身而身先，外其身而身存，非以其无私邪？故能成其私。"这句话意思是说：天长地久，是因为它们不为了自己的生存而自然地运行着，所以才能长久存在。古代的圣人们，都是把别人放在自己前面，利益了他人才可以利益自己。

这里讲要活得长久，就是不能只考虑自己的利益，而是要把他人的利益放在自己前面，这就是"利他"的道理。如果你事事都往"利他"这方面思考，就能成就自我，并活得长久。

使命，就是一种让更多人因为你的事业而受益的宣言。

**马云的使命**

阿里或者说创始人马云提出的使命是：让天下没有难做的生意。

前阿里战略官曾鸣教授认为，阿里并不是变大了，才产生的这条使命，而恰恰是因为有这条使命，才让阿里可以变得这么大。他评价过马云本人，说马云既有西方文化与最新的科技视野，也有一种东方的行侠仗义的情怀。

福道咨询的创始人，前阿里HR副总裁张霞老师在《在动态演进中构建生生不息的组织》中分享：当时她在阿里工作，总是有一种每天都在被忽悠的感觉，感觉自己是在做一件世界上最重要的事情。她说的"被忽悠的感觉"，就是阿里的使命不断在组织里内化传递。很多早期的员工也说，他们当时没日没夜工作，是真的相信这个。

我见过一些组织和创始人是全然没有使命感的。因为一开始，创业就是他在做一门生意，以赚钱为出发点，以盈利为兴奋点。当然企业的终极目标就是盈利没错，但是遇到一些挫折和困难，往往就会因此放弃，或者转变思路沿着赚钱的路径继续前行。他们忘记了赚钱只是结果，人生出发的目的到底是什么，把本末和因果关系颠倒了。

赚钱只是那个"果"，而为什么出发，才是那个"因"。

文化场域：从万科到阿里

### 使命的组织文化实践

创始人个人的使命要成为集体的共同使命，才会对组织的整体文化起到牵引性的作用。

金一南教授在湖畔做过《血性与灵魂》的报告，他说，中国共产党最早的创始人都为自己的理想献出了生命，如果把他们比做一个创业团队，那做的是一门大生意——创立一个国家，所以风险也是极其巨大，是要付出生命代价的。但是像李大钊、陈独秀这样的领袖人物，最早就是受到使命感召，为中国人民谋幸福，为中华民族谋复兴，才会在巨大的诱惑面前不动摇，在巨大的困难面前坚持，甚至献出自己的生命。

因为有伟大的使命在驱动，于是吸引了一批志同道合的人，成为"同志"。走着走着，有更多的人因为共同的信念走到一起，成为一个组织。所以马云说要从"团伙"变成"团队"，我相信团队也可以分为两种：没有使命的团队（比如利益捆绑的团队）和有使命的团队（比如价值和意义捆绑的团队），当个人使命和组织使命达成高度一致的时候，那个所谓的"共同体"才会出现，那是一个对组织来说无比幸福的事情，也是组织文化发展的驱动力量。

**案例**

## 从"天将降大任于是人"去理解"使命"

"故天将降大任于是人也,必先苦其心志,劳其筋骨,饿其体肤,空乏其身,行拂乱其所为,所以动心忍性,曾益其所不能。"出自《生于忧患,死于安乐》源于《孟子·告天下》,意思是所以上天要把重任降临在某人的身上,一定先要使他心意苦恼,筋骨劳累,使他忍饥挨饿,身体空虚乏力,使他的每一行动都不如意,这样来激励他的心志,使他性情坚忍,增加他所不具备的能力。

其实所谓"天将降大任"就是一种使命般的召唤。

我对"使命"更为有体感的认知,是来源于早些年在英国求学,我曾经有一个韩国的同学叫姜主荣JooYong,他主修的是美学,因为他出生在韩国的基督教家庭,所以他告诉我从小就有一种Calling,就是使命一般的召唤,让他持续传递福音的事业。他想从事的职业就是做个传教士。

传教士又叫"布道者",英文叫做Missionary,Mission(使命)的英文还有传教、布道的意思,也有使命、职责、天职的意思,"ary"则是英文里面的一个后缀,意思是场所,或者从事……的人或物。可以这么理解,传教士、布道者就是使命感召并且传递使命的人。

风靡全球的管理类书籍《高效能人士的七个习惯》中,作者史蒂芬·柯维博士也曾经在开篇就讲到了,在意大利偏远的乡村有一

### 文化场域：从万科到阿里

所临终关怀医院，那里的护士整天都是在与死亡、绝望、无助打着交道，但是依然满怀乐观与信心。这样的职业你就算是给多少钱，也是无法激励到她们，让她们坚持与绝望共舞，让她们坚持到现在的就是人文关怀的使命使然。

所以柯维博士也认为，一个人要产生出个人的使命，就要想象一个场景：就是当你退休了，不再工作了，也即将老去，你希望自己是何种生活状态？你希望自己的子孙、亲友与曾经共事的同事如何对待你？你认为别人在你的葬礼上会如何平价你？这或许就是个人使命的出发点。

在我们国家的建国之初，无数革命烈士抛头颅洒热血，是振兴中华的使命感让他们冒着生命危险在不断前行。所以使命感对一个人的激励作用是巨大的，是我们源源不断工作输出的动力来源。

所以，使命对于个人如此重要，对于组织而言更是一种自驱力的源泉，大家是否对这个组织使命真的相信，是否可以能够和志同道合的人，一起完成一个"难而正确"的目标，这才是"同志"这一称呼，其核心是拥有共同志向的真正含义吧。

第二篇
内化于心

案例

## 阿里的花名文化，组织里的个人使命

我加入阿里湖畔之前，"沈老板"已经被叫出来了，进入阿里以后，因为我取三个字的花名是不够格的。所以在加入湖畔的第777天，我给自己在系统里申请了一个花名：戊戌。

同事听到了，调侃我说：花名跟你的特质特别相符，"务虚"。2018年是农历的戊戌年，这一年我四十而立，我的人生发生重大变化，所以取名"戊戌"，是希望自己以这一个转折年为纪念。

申请成功花名"戊戌"的跳窗问候

很多人认识阿里的朋友，都是通过阿里人的"花名"。但是我认为花名最大的价值不是让人记住你，而是当你进入一个组织以

## 文化场域：从万科到阿里

后，有一次"重新自我定义"的机会，而这个机会也推动人产生个人使命。

花名文化最早源于淘宝，源自马云对金庸武侠世界的喜爱，以及骨子里"行侠仗义"的济世文化。其实阿里更早B2B文化时期因为主营是外贸业务，用的还是英文名，但最后淘宝的花名沉淀了下来，成为具有阿里特色的组织文化。所有成为阿里的员工都可以取一个花名，而且花名会被系统永久保存。

阿里CPO童文红讲过花名文化，花名也有机制设计的考虑，比如花名也有层级：高级干部可以取三个字"风青扬""逍遥子"，普通员工就两个字。当你听到花名比如是"郭靖""语嫣""段誉""貂蝉"之类的，一定是阿里淘系早期元老级人物；当然不能取坏人的名字，比如"田伯光""杨康"之类。

在中国传统文化当中，有"名"也有"字"。比如毛泽东，字润之；李白，字太白。姓名是父母给的，生下来便有，自己没有办法更改。而长大成人后，可以给自己取"字"，也是中国文人对自己的一种期待与鼓励。

阿里的花名就起到了这样的作用，这也是东方文化之中特别有特色的一点。我想另外一个原因，就是互联网时代，人人都会取个网名，而这个网名就成为你在互联网世界的一个代号。阿里是互联网公司，很多"小二"在对客户服务的时候，不会把真名写在网上，更多的是代称，而取一个有趣好记的"花名"也有功能性的意义。

阿里其实是把中国古代的"字"文化，应用在现代中国的组织管理中，代替了外企的英文名字。

来湖畔的很多企业都是来学阿里的，他们大多也都在推行花名文化，比如亚朵集团，在自己的公司里，花名就像一个社区里独特的符号，在组织里起到扁平化的作用。有的公司则推行直呼其名、无总称谓，结果变相出来哥、姐、首长、区首等。

## 愿景：是一种可描述可达成的远见

### Vision，愿景，远见

在曾鸣教授的战略课上，愿景被叫做Vision。他说愿景这个词的翻译他不是太喜欢，Vision是一个客观的预判未来的能力，这个能力与创始人的信念有关，也与创始人的直觉和信息量有关，或者可以被翻译为：远见。

我的认知是：在东方哲学思想体系下，"Vision"应该理解为一种"观想"，在商业环境下观想出来的一个组织未来的状态，以及达成目标时候的一种场景，而那个场景会激励人眼前的行动。

愿景也与这个企业的发展阶段和核心管理团队的信念有关，所以，愿景只能在内部产生，而不能通过外部植入，而且这种愿景是在一种高度的共识和信任下，共同探讨商议出现的，而不是创始人给职业经理人下达的要求，那不是愿景，而是管理的目标，那不是真的信念，而是被迫的服从，最后体现在整体组织上的驱动力是不一样的。

阿里巴巴的愿景是迭代过很多次的，最早是要做中国最大的电商交易平台，相信当时定这个愿景的时候，也是确信可以通过每一个人的努力实现的,没想到很快就完成了。于是,阿里就开始了愿景的迭代,提出要成为电子商务的生态,后又升级成一家活102年的好公司,到2036年,服务20亿消费者,创造1亿就业机会,帮助1000万家中小企业盈利。

**是使命的成果,与战略相关**

不论是"远见"还是"观想",Vision都是一种可预见的未来的景象,而且很重要的一点是,这个未来景象是一种欣欣向荣的美好,是使命努力的成果,是要依靠这群人真的相信,并且前仆后继地去实现。

因为愿景是可以通过行动实现的,所以愿景也与战略紧密相关。愿景也可以理解为是一个长期的目标,要实现就需要靠战略来帮助落地。战略就是在一个相对的长时间内要去的方向,要找到去那个方向所面临的差距,和如何去那个方向所需要的能力建设。

用阿里合伙人语嫣最为经典的"爬山"比喻来说,愿景就像你要去登顶珠峰,而战略就是那个你要去到8848这个高度,是通过什么路径:首先是怎么上去,是最快的速度,还是最稳的节奏,或者使用什么工具;然后登顶的时候,战略也是选择A、B、C哪个营地,需要有不同的落脚点,以及自身的保障团队、登山装备、登顶需要的体能建设等。

文化场域：从万科到阿里

### 共启愿景，生成未来

为什么现在"共创会"（Workshop工作坊）这个词在组织里面变得这么流行？将来企业面临不确定因素越来越多，一个组织已经无法单独依靠CEO一个人来应对，那就需要一群人在一起共同寻找未来、创造未来，更多的人需要被卷入，更多的时间需要被卷入。

你也可以说是内卷，但是"卷入"这个词就是文化影响需要的感觉。

在制造行业，福特当年有句名言，大致意思是希望员工来上班的时候不要带脑袋，带手跟脚就行了。这是典型的工业时代思维，把人当作机器。但未来"机器"越来越聪明，你一定希望所有的员工都把脑袋带来，但是你要管员工的脑袋就得管他们的心，心不在，脑袋肯定就是不在的。

那员工的心怎么管？互联网时代，员工信息获取渠道甚至比你都多，你又如何影响到他？你自然就要讲使命、愿景和价值观，而且要年年讲、月月讲、周周讲、天天讲。这和过去是完全不同的一套逻辑和机制，因为你要的是他们的大脑，而不再是标准化的动作。

所以，从内部"生成"的能力会成为一种组织的竞争力，周而复始地开始、制定、执行、复盘、总结，一个"生成"周期结束，再进入下一个"生成"周期。这样周而复始成为一种组织文化，帮助我们在前进的道路上走过创业的泥泞，爬过竞争的雪山，蹚过周期的草地，到达我们心中的那个井冈山和延安。

第二篇
内化于心

> **案 例**

## 良渚文化村社区公益基金会的使命愿景

我在 2016 年写了第一本书《走进梦想小镇》,里面提到了"心想事成"的概念,当时并没有受过关于使命愿景的训练,那只是一种直觉,而现在回看,"心想事成"就是一种从愿景到实现的方法,是一种从使命到愿景到落地的路径。马云也曾说过,愿景是可以管 10 年的。愿景可以产生,也可以被迭代,是组织内非常慎重地讨论和思考之后产生的结果。

最早良渚文化村在南都房产的规划当中,就是要做"世界人居的中国典范",这可以被理解为是小镇的第一代愿景,驱动了当时一批南都的地产精英,给小镇留下一个世界级的"30 年不落伍"的规划;2009 年,杭州万科的总经理来了以后,提出要打造"一个梦想居住的地方",把文化村从单纯的远郊大盘,变成一个可以居住和生活的场所,这是小镇的二代愿景。

小镇项目不同于快速周转的房地产楼盘,需要 10～20 年的开发周期,在这么长的周期下,没有愿景的小镇是没有理想或者长远目标的小镇。愿景是通过意愿逐渐产生的,也对事情的发展有着巨大的推动力。我在万科良渚的时候,是在不知不觉当中,被这样的"愿景"所感召,所以有了为村民们努力的人生目标。

2018 年,我与文化村的村民朋友们一起探讨文化村的可持续发展模式,发起了非营利机构"良渚文化村社区公益基金会",这

### 文化场域：从万科到阿里

是杭州乃至浙江第一个社区公益基金会，也是中国为数不多的"自下而上"的社区公益基金会，希望把村民公约精神在村民当中传承下去。

在基金会创办之初，我们这些理事们就实践了有关愿景的设计，在文化村第二代愿景"一个梦想居住的地方"上做了进一步的迭代，生成了第三代愿景"一个理想生活的地方"。这个愿景是理事们在开了16次筹备会之后确定下来的。梦想或许太遥远，但是理想却可以通过脚踏实地的努力去实现，居住只是生活的单一维度，而生活则是一种更为丰富的居住状态。

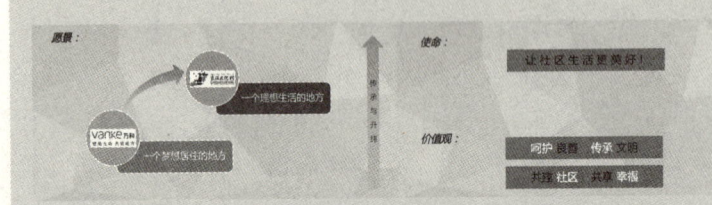

良渚文化村社区公益基金会的使命愿景顶层设计

彼得·德鲁克在著作《非营利组织的管理》中讲述，其实使命愿景驱动是非营利组织最为核心的设计。因为非营利组织并不是为了追求利益，加入的人奉献自己的时间，但换不回财务金钱的回报。我们商业组织的管理者学习非营利组织的文化驱动经验，也有一个管理术语"加强非财务激励"，和领导力方面的术语"加强共启愿景的能力"。

　　不论如何,一个好的、激动人心的、有牵引力的美好愿景,是会感染到一些人为之努力奋斗的。不论是否能赚钱,给社会创造价值、给大众谋取福利、为子孙后代创造好的环境,这难道不是最有感召力的吗?

文化场域：从万科到阿里

案例

## 我在阿里建房子的使命愿景

国防科技大学教授金一南将军在以"苦难辉煌"为题的报告中，分享了中国人民解放军通过淬炼，最后赢得解放战争胜利的故事。当时金一南将军有一句话后来被广为传颂，就是"多数人因为看见所以相信，少数人因为相信所以看见"。

有一种说法，英国第二大地产开发商不是别人，正是剑桥大学。

剑桥大学历经 800 多年，历经战争和朝代更替，到后来自己有多少地产都搞不太清楚了，剑桥镇至少有一半地产属于剑桥大学。据说有一年伦敦市政府要开发一块地，查了档案资料显示土地产权归属人是剑桥大学，于是找到剑桥大学的管理人员请求确认，最后他们从地窖深处的档案堆里找到那块地契，是几百年前英国皇室赐予剑桥大学的。

国王学院拥有剑桥大学最雄伟的建筑群，它创建于 1441 年，最初创立时只有 1 名院长和 70 名学生，全部来自伊顿公学。国王学院招生条件非常苛刻，专门为亨利六世所创的伊顿公学的毕业生而建立，不收其他中学毕业的学生。而且，国王学院当时的院领导为了显示国王的雄厚财力和无上荣耀，建立之初就追求宏伟壮观的建筑风格，其建筑群中最著名的就是国王学院的"礼拜堂"，它耸入云霄的尖塔和恢宏的哥特建筑风格、巨大的落地花窗已经成为整

第二篇
内化于心

个剑桥市的标志和荣耀。如果你去过剑桥,那一定在那里合影过。

当我们走在剑桥镇美丽的康河边,怀念徐志摩的《再别康桥》的时候,那挥一挥衣袖的惆怅,确实带不走康河上的任何一片云彩,也带不走河边雄伟的国王学院。

2020年的杭州,有两个令人期待的公共建筑即将面世,一个是意大利建筑师伦佐·皮亚诺操刀的江南布衣总部"天目里",还有一个就是台湾建筑师姚仁喜的作品湖畔新校园。很多人说互联网平台型组织的领导者都有一种"上帝视角",而在建筑界,建筑师也是有上帝视角的一份工作,做的都是"无中生有"的事情,互联网是要创造一个数字虚拟的社区,而建筑师是要营造一个真实的物理社区。

而工程师、项目管理者正是帮助建筑师实现图纸设计构想的人,他们需要经历一个漫长的管理周期,来实现这个庞大的产品。其实在阿里这种不太有产品文化的公司里做产品,是非常困难的,而且在互联网公司做建设,那是难上加难。

身处互联网行业造房子,就有点像是高原反应,在地产行业原本是如履平地的事情,在互联网行业会更加艰难,想要登顶只有对抗着高原反应,凭借团队和自身坚持,每向上走一小步,就有新高度,然后熬到最后登顶。那是什么支持我们走到最后?事后回想,那就是使命愿景:要建一个百年的校园,一个值得被社会和公众认可价值的建筑,一个代表东方文化自信的建筑,一个我们大家心目

### 文化场域：从万科到阿里

当中的"作品"。

　　这是我们的相信，也是我们的看见。

湖畔新校园内湖古建亭景观

## 价值观:从来不曾缺席,冲突的时候出现

### 价值观是我们坚守的价值

价值观是Value,奈飞的价值观对Value又做了更为哲学的阐述:The Value are what we Values(价值观就是我们坚守的价值)。

我们经常可以听到"社会主义核心价值观",其实你仔细去品味一下那些词汇,这就是我们社会和国家希望大家共同坚守的东西,不仅仅是一起去做什么,还是一起承诺不做什么。

对一个有宗教信仰的人而言,以我的体感与理解,价值观对应的就是基督教的十诫,以及十诫背后的很多坚持。比如不撒谎、不偷盗,在《圣经》当中也有很多道理与故事,把价值观说得很清晰。

对东方文化而言,价值观在每个朝代都有一种体现,佛教的"不杀生"就是一种价值观,以及背后的一系列佛教徒坚持的原则;儒家思想中的"长幼尊卑、君臣之道"就是一种价值观。

### 价值观就在那里,越到核心应该越浓烈

正如曾鸣教授说的,价值观让一个组织有一种类宗教的气质。

## 文化场域：从万科到阿里

价值观是一个组织里所有人必须坚守的价值，甚至是底线和红线。价值观引导着这个组织中的每一个成员去往同一个方向，这里的重点是在"同一个"，而并非"方向"，尤其是当岔路口出现的时候，该往左还是往右，都是价值观在起着作用。

有的企业做价值观是面向管理员工的，核心管理者可以置身事外或者并不那么遵守，那是不太可行的。企业文化就是上行下效，核心管理者的价值观说明了一个组织的文化浓度。所以价值观不仅仅是针对企业员工，还包括创始人和核心成员，以及成员周边的亲密关系。

所以越到核心层，那种价值观所造成的味道是越浓烈的。比如万科的价值观里面就有"健康丰盛的人生"，类似阿里价值观里面的"快乐工作，认真生活"，虽然很多万科员工会去跑步、爬山、赛艇，在工作上也追求丰盛，在生活上追求健康，那管理层当中是最为浓烈的，甚至是激进的，就因为他们是一个组织的表率和领导者。

### 有冲突的时候价值观才会出现

曾任龙湖首席人才官的房晟陶老师曾经讲过他的价值观观点：价值观是要头破血流的，是有爱恨的。

我也十分赞同这个关于价值观的表述，所以他在龙湖的组织文化最佳实践就是"我们提倡的"和"我们反对的"，比如我们反对员工给领导拎包，这看起来是简单的行为，但是行为背后的价值观是

"平等与尊重"。科层制度下的矮化和奴役下属的现象,导致个体的价值无法充分体现,员工的创造性和积极性无法被释放。

龙湖的价值观做法是把企业价值观行为化,同时结合故事化的一种展现,方便企业员工去理解、学习和解读。所以价值观是需要通过案例和故事来体现的,这是因为价值观平时不会凸显,当企业遇到了事情、矛盾、冲突的时候,价值观才会出现。当然相信价值观的来源是源自创始人的理念,所以很多价值观都是在那里的,也是创始人和核心管理团队在创办企业的过程中一点一滴通过事情积累起来,平时不太显性,当矛盾冲突出现就浮现出来。

## 文化场域：从万科到阿里

**案例**

### 绿城的价值观，产品就是人品

好的价值观总是朗朗上口，一眼明白，直击人心。谈到"创造城市美丽"的浙江地产开发企业绿城，我们都会知道其企业的价值观"真诚、善意、精致、完美"，有很多关于这四个词的解释，里面最经典的要数"产品就是人品"。

"产品就是人品"来自于有房地产界的"乔布斯"之称的绿城创始人宋卫平先生。我们在参观良渚的时候有一面之缘，之后便鲜有接触，后来因为良渚小镇的相关话题，我们又有过一次较为深入的价值观探讨。

我认为，"产品就是人品"是企业创始人把"价值观"和产品、客户意识、职业精神等多元文化结合在一起的典范，并且已经成为一种行业典范与客户口碑。

这里还有一种员工行为和企业价值的内涵假设，就是如果产品不好就是项目经理人品不行，再高的职务也会因为交付了一个品质不达标的产品而下岗。此外这条价值观的解释体系是：因为房地产是大宗资产，客户往往是用了一辈子积攒的钱买了一套房子，寄托了一个家庭的期许，而产品有问题就是对不起客户，这关系到一个家庭一辈子的损失。

所以绿城也产生了很多地产行业有关"产品就是人品"的故事。比如据说一个房子如果不符合宋卫平的审美和品质要求，就会被要求砸掉重新来。还有一次,我听说宋卫平走到景观跟前,看到种得像韭菜的植物,声色俱厉地质问项目经理,在路边种韭菜干什么,带回家去做韭菜炒鸡蛋吗?其实这也是他作为企业创始人最为坚持的价值,这样的文化提炼把客户和产品链接在了一起,影响了很大一批房地产从业人员。再者,企业以品质为先的价值观,就要制定相关的制度作为保障,做到再高职位的高管,也会因为质量问题而下岗。

当然,不可否认的是,这句话也有那个地产黄金时代的影子,现在在地产成本限制下,品质已经成为与成本对抗的话题,圈子里也已经很少有这样的情怀和理念。

## 价值观的生成：先自上而下，再自下而上

### 国家的价值观

2015—2016年，我在亚洲赛艇联合会的推广委员会任职推广委员，那时候会陪同亚赛联主席王石一同去往很多国家，参加赛艇赛事和国际赛艇协会的会议。那年我们前往意大利的瓦雷泽，是那一年的赛艇世界杯第三站。比赛结束后，我们准备去比赛周边的城市考察游走，于是去了法国里昂。

导游指着恢宏的市政大楼，上面用拉丁文写了三个词语，让我们猜这三个词是什么意思。只有博览世界的王石主席知道，这是法国人民的价值观，分别是：自由、平等、博爱。

这个价值观思想最早产生于法国大革命期间，但并没有成为革命的口号，到了后期它逐渐被替换迭代，甚至在第二次世界大战期间被傀儡政府改成"劳动、家庭、祖国"，直到第二次世界大战结束后，法国宪章才把较为积极、温和的"自由、平等、博爱"写在了宪法里面，成为法国的国家价值观。

我们平时也会听到社会主义核心价值观，十八大提出了关于"倡导富强、民主、文明、和谐，倡导自由、平等、公正、法治，

倡导爱国、敬业、诚信、友善,积极培育和践行社会主义核心价值观"。

## 价值观的生成

价值观是创始人与团队坚信的东西,也是逐渐在经历了更多的事情以后,慢慢生成、成熟,并成为一个组织的一种"味道"。随着组织越来越庞大,加入的人越来越多,组织文化就会被稀释,会有不同价值观的人加入,那么价值观就要不断地在里面被强调、被教育、被考核。

在建设新校园的时候,入口处有一块校训石,因为校训还没有产生,所以还是留白的状态,校训也是一种价值观的体现。比如清华大学的校训是自强不息,厚德载物。以我的理解,马云曾经说过"同学之间不能做生意""永不毕业""家国情怀,社会担当""前十届都是一起来共建湖畔的",我想这些应该是属于这所研究型学术机构逐渐产生的价值观。当然,最后还是要以刻在校训石上的为准。

价值观的生成是一个自上而下,再自下而上的过程。自上而下是因为创始人的初心与坚持,是要一以贯之,贯穿到底;自下而上是因为人和业务发展,又会催生出很多的场景来不断促发价值观的生成。

文化场域：从万科到阿里

## 价值观的自然生长

大到一个国家，小到一个家庭，价值观的生成都是需要时间与契机的。

除了耐心等待，还需要深度思考与学习，一开始似乎是可以照搬照抄的，说着对标，高管们开个共创会，价值观就出来了。都以为价值观是思想哲学层面的思考，很多都是类似的，只是表述不同。但这是一种急功近利的价值观生成，它走不进员工心里，更无法在员工的言行举止中体现。

我更愿意看到价值观的领悟和内化学习，最后日积月累，生成自己的价值观体系。我相信价值观的坚守、创始人的思考和顶层设计有关，也是不能被"外包"产生的，外包的东西不会长在自己的脑袋里和肌肉上。一定是先走心，再走脑，然后走到全身筋骨，最后形成一个价值体系。

价值观也是可以被修订的，换了掌舵的人，如果他的底层价值观和前任舵手不一致，那整个组织都会面临一次思想改变的过程。一个组织要不断地把一些价值观最初的形态用事件去验证，从而慢慢总结出一些可以被描述的文字，进而讨论哪些文字可以被留下来，成为最为重要的价值观。

第二篇
内化于心

案例

## 湖畔创研中心"黑衣人"的价值观

价值观落地是在行进中产生的,是通过矛盾产生的,是需要通过"打仗"来体现的,是有基本假设的。

在这里跟大家分享一个我最有体感的案例:湖畔"黑衣人"的价值观。

湖畔黑衣人的照片源于赛艇训练营

湖畔黑衣人是湖畔工作人员的称谓,2017年赛艇训练营结束后,Lina、周周和孙导,三个赛艇项目核心团队人物对着西湖的夕

## 文化场域：从万科到阿里

阳，拍了一张背影的照片，后来赛艇活动的视频在开学当天播放，引起了轰动，而字幕到最后的落款是"湖畔黑衣人工作室"。"湖畔黑衣人"后来就成了湖畔员工的代称，就像阿里的"小二"一样。

在一次内部会议后，明确提到了"黑衣人的价值观"，我根据自己三年多的理解做了个文字总结的版本，写下来作为一个沉淀。

·乐见其成：湖畔黑衣人是非常开放、创新的组织，乐于见到组织里创新模式的诞生，乐于见到学员在湖畔学习研究的过程中有所收获，甚至乐于见到别人的成功大过自己的成功。

·啃硬骨头：硬骨头文化是黑衣人的根本文化之一，这可能是源于阿里铁军的文化，"今天最好的表现，是明天最低的要求"。

·托底，背靠背的信任：湖畔组织有一种亲如兄弟姐妹的文化，就像是一个大家族，兄弟姐妹之间有着背靠背的信任，对于内部的兄弟姐妹都是坦坦荡荡的。

之前日本MUJI的设计师原研哉来良渚，有人问他，你最喜欢什么颜色？原研哉的回答是：黑色。问为何？他回答：因为黑色其实是单纯的颜色，白色反而是光谱中各种颜色的叠加。黑色也是做底色的最好颜色，跟什么颜色都好搭配，并衬托出其他的颜色。

他希望自己就是那个像黑色一样衬托别人的人。用黑色为底色，衬托别人就是黑衣人价值观最为核心的假设。

> 案例

## 社区价值观"村民公约"的生成

2011年,万科·良渚文化村的社区价值观"村民公约"诞生。现在回头看这26条价值观描述,用组织学的专业术语来讲,这就是社区价值观的行为化描述,而且当我们用行为化描述去考核价值观落地的时候,这是非常超前的做法。

村民公约的想法来自村民的一个建议,当时万科的管理者注意到这个建议之后,先是邀请村民中的意见领袖、媒体人代表来参与制定修改,最后实在不太满意,还是管理者自己上场,逐字逐句地打磨。

记得当时讨论的时候有一个细节,我们一个营销负责人提议说,村民公约能不能都改成以"我们"开头,而不是高高在上的提出要求,因为社区是共同建设的。万科的管理者立刻采纳了这个建议,最后写出来现在26条朴实易懂、行为化的社区价值观。

最为难得的是,万科管理者并没有把自己当作价值观的制定者,而是把这个"功劳"还给了村民。这份公约确实是村民提议,而管理者只是共同参与,共创共建。最后众村民携万科写下26条村民公约,在经过了931户村民意见征询后,产生出最终的价值观版本。现在回想来,这个价值观的生成也是一个自上而下,然后自下而上的过程。

## 文化场域：从万科到阿里

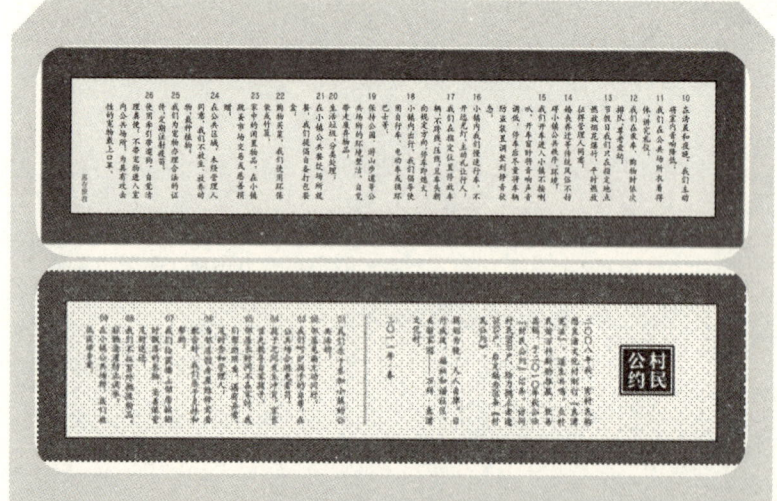

良渚文化村26条村民公约

与村民公约刻在锈板上不同，马云说，把价值观写在墙上的公司多是不靠谱的，的确，价值观要成为每一个员工的行为准则，这个说起来简单，但是做起来是极其困难的，这需要依靠时间的沉淀，和一群人不懈的坚持与努力。

在当时，一个社区可以形成自己的价值观还是很领先的。行业内很多人竞相学习，但很少有创始人自己相信，所以都是昙花一现，没有被坚持和贯彻下去。当然，在职业经理人制度下，管理者也已经离开了良渚这个岗位，村民公约便慢慢变成了墙上挂着的标语和口号，交付后2万多人是否真的相信和执行，还需要更多的贯彻与坚持。如同价值观引言中最后留下的一句经典"人人践行，日行成风"，价值观需要"内化于心，外化于行"，能在所有人的行动上体现出来，才是真价值观。

当初管理者要求我们员工都要背下来，而且都要执行，并专门成立"村民公约办公室"，用一个组织保障来确保这种社区新价值观的落地，原来我作为办公室负责人早就深受其文化驱动和价值观影响，只是身在其中浑然不知。现在悟到后回想起来，那文化驱动的手法是有很多相似之处的。至今我都可以背出前面几条：我们乐于参加小镇的公共活动，邻居见面相互问好，开车进入小区我们不按喇叭、不开远光灯，等等。

## 价值观考核：行为化描述，并进行评估面谈反馈

### 老是老师，板是规矩

马云曾经诠释过"老板"这个词，他说："老"是要当"老师"，而"板"是"板子"，也就是要做规矩。

我觉得这是一种独特的具有中国智慧的解读。而英文就做不到了，英文里面老板boss就是boss，老师teacher就是teacher，也很难拆出一个所以然来，最多是把boss分解为四个字母。而中国词语当中"老"和"板"还可以拆开并且衍生出这样的理解，这也是属于马云独有的智慧与哲学思想。

不论是企业创始人、高级管理者或者是业务leader，都是要深刻领悟并转化践行这个理论，当好一个组织里面的"老师"和"板子"。老师的部分就是师者，传道、授业、解惑也，而规矩的部分就是价值观的检视、考核与纠偏，看下属是否按照组织的要求和规矩在做事。

当老师大家都比较容易理解，因为大家都是受过老师的熏陶和教育的，而做规矩就比较抽象了，制定规则和制度，这是最难以参悟但要不断尝试的。黑石集团创始人苏世民说过，当他看到下属犯

错的时候，他不会勃然大怒，而是反过来检讨自己没有做好过程管理和规则设计，或者把错误的人放在了错误的位置上，才会引发这样的错误。所以，规则和机制设计是需要不断校准和修正的。

**价值观行为化、案例化**

价值观很抽象，需要被行为化、案例化才可以与员工日常工作结合起来。尤其是很多组织越来越大，人越来越多，很多新员工对于价值观的理解都是不太显性的，所以我们就需要行为化的描述，同时将案例和讲故事一样，描述成大家都能够理解的故事。

我在一个组织，有一年年底，恰逢考核期将到来，我们通过一个多月的共创和研讨，把六条抽象的价值观结合新搭建的胜任力模型，进行了行为化的描述，推动了组织全员的价值观打分与考核。比如"使命般的激情"就是要脚踏实地处理好本职工作、持续精进业务，主动寻求突破，把创造和挑战高目标当成工作的动力和乐趣。我们将其分成了高中低三个档，并且对每一档都做了行为化的描述，比如保证本岗位工作顺利开展，事事有回应，件件有着落；主动承担职责外工作，捞过界，干得坚，等等。

此外，我们也对价值观进行了案例沉淀，比如在解释使命般的激情时，我们会讲一个"办公楼的最后一盏灯"的故事，就是在某区域集团总部，办公楼是跟某互联网公司一起，而这家互联网公司的"996""007"是很知名的，但是在地产行业当中，这家公司的员

文化场域：从万科到阿里

工也是很拼的，往往他们才是这座办公楼的最后一盏灯。

**价值观打分**

当一个组织规模尚小的时候，很多问题创始人和管理者可以用感知来解决，但当组织大到一定程度、复杂到一定程度，人员分散在各地办公，组织文化被稀释，那价值观考核就是一定要使用的手段，需要把价值观考核与绩效挂钩，一起来看。

阿里的干部是要进行价值观考核的，这是非常严肃的事情，一般员工的价值观考核都是ABC分三级，当然也有过从高到低，以5分制打分。如果价值观分数不高不但会直接影响绩效，员工还会被扣上一顶很大的"帽子"，面临被淘汰的境地。阿里员工价值观考核按以下标准打分。

5分，超越自我，与公司融为一体。

4分，能建立机制，对公司有帮助。

3分，以身作则，影响到团队。

2分，看得到的行为体现。

1分，基本态度及素质要求。

而在合伙人层面，价值观更是要被打分，并且不是5分制，而是0和1的选择，是"是"和"非"的选择，要进行合伙人全体对个人的打分，同时分数也会被晒出来。这类似奈飞的反馈机制，随时随地反馈，是促使一个组织更加团结净化的重要手段。有的组织更加极致,全员价值观考核打分,比如字节跳动就在一定的范畴内,让所有人都可以对你进行价值观打分,看你是否符合字节的"范儿",分数只有上级和人力资源部门可以知道。

文化场域：从万科到阿里

> **案例**
>
> ## 日本餐馆打工被炒，我的价值观考核经历
>
> 我自己也曾被餐饮行业老板做过价值观考核，结果是：惨遭辞退。
>
> 2002—2004年我在英国求学，在一家当地非常有名的日本"居酒屋"打工。餐馆老板是一个英国人，太太是日本人，员工有英国人、日本人和中国人。老板为了降低成本同时增加亚洲面孔的服务员，所以雇用了一些中国留学生兼职，我就是其中之一。
>
> 我是在朋友的推荐下来到日本餐馆在后厨洗碗的，日本餐厅的碗特别难洗，因为样式过多让洗碗机基本不起作用，很多都需要手洗。日本餐馆规矩也特别多，比如前台送碗盘进来用日语喊：你辛苦了！我还要大声地回复：嗨（是的意思）！餐馆老板对员工还算大方，在每天工作结束后都会把剩下的菜拿出来跟员工们分享，并且奖赏你一瓶日本产的麒麟啤酒。
>
> 有一天打烊后，老板请我吃寿司、喝啤酒。边吃边聊中他问我："你喜欢日本料理吗？"我回答："我很喜欢啊。"但是后面的话就是多余的了，我说："我觉得这里的日本料理不太正宗。"为了符合当地人口味，这里的日本菜都做了改良，比如寿司里加了番茄酱、蛋黄酱。现在回想起来，当时的我真是情商太低，当着老板的面评价产品。那个日料店的英国老板觉得受到了冒犯，跟我争辩说："店里的寿司是很正宗的，好多伦敦客人都专门开车来。"我们

的谈话后来匆匆结束。

第二天,我收到一条短信,通知我不用再去上班了,因为我被解雇了。当时我还莫名其妙,又过了几天,我收到一张工资支票,支票背后老板手写着一句话:你谈论事情要更多地展示出一种尊重。

当然老板主观上有觉得我不尊重他的原因,但是我当时认为自己只是说了实话,同样在日本料理店打工的日本同学也都赞同我的观点(虽然他们并没有说出来)。

这个故事从价值观的角度来看,如果一个员工价值观不正确,甚至相反,这个员工在组织里还在宣扬违反价值观的话,那就算他再努力工作,也是会影响到其他成员的,要么"换脑袋",要么就只能换人了。

文化场域：从万科到阿里

**案例**

## 某6000人规模公司的价值观考核

某地产区域集团，经过8年的积累，年销售额达到了1100亿元，组织也发展到了3省18城将近6000人的规模，其核心能力从业内广为人知的销售的狼性，已经拓展到了产品营造、投资并购、财务周边等多方面。

组织规模的快速提升就会带来大量新人，同时由于内部竞争激烈，组织内的人员流失率也居高不下，因此组织文化氛围被快速"稀释"。此时行业也比较内卷，大家都在对标学习，学L公司的数字化和稳健运营，学V公司的制度化规范化管理，跨行业学习链家的"难而正确的事"，学奈飞和字节的文化价值观驱动。

当然，这家公司组织发展到今天的规模，一定是有自己的"三板斧"和"红宝书"的，也就是文化的底层基因带来的核心文化竞争力，或者说"文化资本"，这样的资本并不是那么显性化，所以需要我们去萃取和提炼。

我进入公司不久，就很幸运地拿到了创始人早期在创办这家公司时的一系列内部培训资料《我们是一家什么样的公司》，里面详细地论述了创始人在创办企业时从文化到战略再到管理最后拿到结果，让客户、政府、合作方等各方满意结果的"闭环"。其实很多人加入公司时，并没有系统性地学习过公司的组织行动纲领，所以我结合文化和价值观宣贯，发起了"重学行动纲领"活动。

# 第二篇
## 内化于心

到了下半年，行业开始收紧，公司非常艰难，但这是一支特别能打能抗的铁军队伍，是行业首屈一指的销售条线，我们沿着年度共创出来的"美好事业"的线索，把营销的压力和管理精细度、文化的包容度做起来。

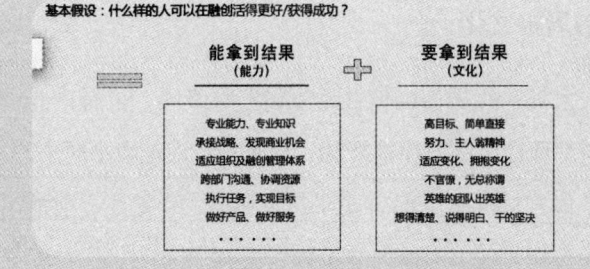

**基本假设：什么样的人可以在融创活得更好/获得成功？**

| 能拿到结果（能力） | ＋ | 要拿到结果（文化） |
| --- | --- | --- |
| 专业能力、专业知识<br>承接战略、发现商业机会<br>适应组织及融创管理体系<br>跨部门沟通、协调资源<br>执行任务，实现目标<br>做好产品、做好服务<br>…… | | 高目标、简单直接<br>努力、主人翁精神<br>适应变化、拥抱变化<br>不官僚、无总称谓<br>英雄的身后出英雄<br>想得清楚、说得明白、干的坚决<br>…… |

**胜任力逻辑与价值观考核基本假设**

其实该公司原来也是有价值观考核的，权重和绩效占比分别是35%和65%，但是由于价值观考核没有被行为化，考核主管在年度给下属考评的时候，文化打分就成了一种"感情分""调节分"，失去了其考核的作用，而这次全体规模的价值观考核打分尝试，最后的管理者反馈也是相当积极的，在行业下行时期的优化中起到了一些作用。

到了年底考核期，通过一个多月的共创和研讨，把六条该公司的价值观结合新搭建的胜任力模型，进行了行为化的描述，分成了行为簇以及行为项，推动了全员的价值观打分与考核。

## 复盘反馈：让"复盘改进"成为个人的工作习惯

### 阿里的周报文化

阿里人大都在每周四群体性地发出一种哀嚎，说是内卷得很厉害，每个人都要在电脑前抓耳挠腮、目光呆滞地花数小时来写周报。后来我的下属，从阿里本部离开在到我部门之后把他之前的周报发给我，分为三个部分：工作内容罗列、上周所思所想、对领导的悄悄话。

我完全没有耐心全部看完，反而觉得每周把"心得体会"这样写出来挺可笑。我们之前做管理，只要罗列项目事项就可以了，从来没有把内心想法和思考都写出来，就算写了也会觉得很奇怪。当时我还编写了一个部门项目分工excel表，每周根据表单跟进进展，这也是从地产业带来的"就事论事"的工作习惯。

后来湖畔负责产品技术的同学XC开始给我们发周报，我还是没有想写。因为对于一个出过书的人而言，写些心得文章并不是难事，讲故事和总结更是擅长，但除工作以外的心得体会让我觉得没有脚踏实地在做事，如果把写文章的时间用来做事，是不是会有更多的劳动成果？

## 第二篇
内化于心

### 有必要写周报

直到一年多以后，当时是开战略会，其他主要的业务条线比如教学、招生都几乎要花一整天开会复盘，而我负责的新校园建设的部分，只让我讲了5分钟。老板就问了一句：按时交付的KPI能不能达成？

另外，我也开始想明白了，我建房子的业务和教学距离太远，大家都不知道我在干啥。我于是下定决心写周报，并定下目标：把我的周报写到大家每周都很期待看到。

一方面当然是新校园进展信息的互通有无，周报是虚实结合的载体，让大家知道我们天天在工地都忙什么；另一方面便是与同仁们分享我的一些个人思考，或许对其他的业务也有所启发；最为重要的是，周报可以帮我梳理在工作中受到各种问题挑战时的逻辑与结构，帮我在复杂的"阿里生态系"中建立系统化的开杠能力。

当有人突然问"你做了什么"的时候，我往往是一脸蒙地罗列事项，而讲不清楚做事情的逻辑与思考，写周报可以帮助我在与业务部门沟通时候不再摇摆飘忽，帮助部门团队梳理清晰的工作路径、理解我的管理思路和思想变化，以提升工作效率，更为笃定和从容地面对业务中的各种挑战。

### 周报是写给将来自己看的

我们提倡成就更好的自己，我的沉淀总结分享可能看起来很幼

## 文化场域：从万科到阿里

稚，对你也不一定有用，但周报使我们面对真实的自己，并真诚地记录下来。可能在 5 篇、50 篇以后，你就会发现自己在迭代进步，发现最好的自己。

后来在湖畔也有很多学习测试类的小活动，有一次是把《奇葩说》的团队请来，让我们搞辩论赛，后来演化成抖音上比较火的"辩论局"。

那次我们测试版辩论会的主题正是因我写周报而起，题目就是要不要写周报，而我正是因为在坚持写周报所以被分到正方。

我据理力争要写周报。当时说了很多要写周报的理由，比如业务展示、思考过程，以及感情寄托等原因。此外，长期养成写作的习惯，也会对自身的表达思考产生潜移默化的帮助。最终我们正方战胜了反方，当然这只是一场游戏，湖畔并没有全员推广周报。

直到三年后建设项目结束完成交付，我累计写了 16 万字的周报，本书的大部分内容就源自我整理的周报。尽管现在阿里集团已经取消了周报，但我仍然保留着写周报的习惯。周报这个概念并不重要，重要的是你定期书面梳理、复盘、总结、沉淀，周报是写给自己的，是写给将来的自己看的，并不是写给外人看的。

> 第二篇
> 内化于心

**案例**

## 奠基仪式结束，我经历了"群Review"

复盘，又被叫做Review。孔夫子也说了，吾日三省吾身，用现在的说法，就是每天都要做三次复盘。群Review，就是复盘的升级版，又叫鱼缸会议，这是一种针对一个组织里的个体，面对全体成员直接反馈的复盘。在我看来，这更像是一个组织内部的全员"批斗会"。

我当时在阿里湖畔就经历过一次群体的复盘会，在梦想小镇的一个茶馆，所有的团队成员都在场。因为之前从未经历过复盘会，所以我对于复盘没有任何的经验和准备。当时的背景是当年3月27日开学仪式后，在3月28日我作为项目经理执行了奠基仪式，将近200位学员和校董嘉宾都来到项目现场，进行了奠基仪式以及捐赠证书的颁发活动。我的活动执行过程十分波折，但是最后结果尚可，得到了大家赞许。

那天的复盘会分为上下两个部分，上半部分让每个人从整个大活动印象最深刻的点讲起，大家畅所欲言，每个人写下来并且逐个分享。大家的感受都非常棒，气氛也被推向最高潮。

到了下半部分，发言者要说一个需要提升和改进的点。当这个点出现的时候，引导者并没有进行先写下再分享的流程，而是让这个分享"自然流淌"。

当"流淌"到我作为项目经理的活动部分，不知是谁先开炮，

## 文化场域：从万科到阿里

说了我在活动中表现出来的问题和不足之处，对我开启了"集中火力攻击"。在我听来，他们一个比一个讲得过分，有的人甚至连细节都说："沈老板打游戏的时候，我说了要及时加装备，他都不会改，他就是一个很自我听不进建议的人！"

我完全没有预料到是这么个场面，本以为是大家说说活动执行得效果有多好，我在执行过程中有多不容易就好。我在之前的职业生涯中从来没有应对过这种群体当面一起提意见，还有涉及人身攻击和略带羞辱的场景。我当时的脸就像个胀气的气球，仅有的一点自尊和高傲被打得荡然无存。

最后终于有人帮我解围，给了我一些鼓励，当天的复盘会就这样结束了。那天算是我在湖畔最黑暗的一天。后来我知道，这是湖畔有准备的帮助跨行业管理者"空降落地"的神秘环节，叫做"群Review"，也是一种集体反馈的"鱼缸会议"。

于我而言，我是最大的反馈受益者。从此以后，我开始脱掉行业光环与偶像包袱，开始谦虚谨慎地融入组织文化，从头开始学习截然不同的管理理念和方法。人生就像走了一个U形的心路历程，经历了谷底，开始不停地对自己的前半段人生自省、复盘，并且也试图打开自己，向外求教，脚踏实地开始了自我改变之路。

第二篇
内化于心

**案例**

## 奈飞和阿里的"反馈文化"

在人才文化中,最重要的就是反馈文化,很多企业都有一种反馈谈话的机制。在奈飞的企业文化当中就有很强的反馈文化,而且是可以在办公场所随时随地发起反馈,如果对方发起正式反馈,那你必须虚心接受。

奈飞很多组织文化机制设计中都有反馈文化的影子,比如他们在部门聚餐的时候会玩一种游戏,这个游戏类似鱼缸会议,游戏的每一个人,都要对中间这位"主人"给出反馈:一个要坚持的优点和一个期待改进的缺点,而且被反馈者只能听完所有反馈记录并且当场当众承诺会改过来。

奈飞创始人CEO(Reed Hastings)的基本假设

"公司真正的价值观和动听的价值观完全相反,是通过哪些人被奖励、被提升和被解雇来体现的。"

Enron, whose leaders went to jail, and which went bankrupt from fraud, had these values displayed in their lobby:
安然公司,高层入狱,公司因欺诈而破产,在它的大堂里展示着这些企业价值观:

Integrity正直
Communication沟通
Respect尊重
Excellence卓越

坚持:组织内对人的直接反馈机制,团队内推行"360晚餐";KeeperTest(留人盘点),如果不是行业最高薪水请其离开……

奈飞的反馈文化源于创始人相信组织文化驱动

· 119 ·

## 文化场域：从万科到阿里

这就像东方文化中有一种朋友，叫做"诤友"，就是随时对你提出意见和改进建议的朋友。试想一下，如果把这种"诤友"的文化通过一种组织协同的机制和组织文化在日常工作中运用，那这个组织中的人将是不断在成长的。

在阿里也有反馈谈话，马云讲的绩效谈话是有顺序的，分别是晓之以理，动之以情，诱之以利，绳之以法。

·晓之以理是必需的，要让员工知道做这件事的道理是什么，而不是盲目的服从，也不是不走心地执行，要知其然，也要知其所以然。

·当员工有执行上的抗拒，还要动之以情，可以找员工谈心，告诉他自己的苦衷，让他建立同理心，知道自己的不容易。

·之后就是诱之以利了，诱之以利比较考验洞察力，要知道对方关键要什么，是钱还是名，这样才会产生诱惑的效果，不然员工不会为其所动。

·最后就是绳之以法，如果不做会怎么办，如果做不好会怎么办，要把最坏的结果告诉他，然后让他在执行的过程中自己去感受这个压力；同时，提前告知"游戏规则"，进行预期管理，不会让他突然"死亡"。

# 人才文化：人才观决定我们跟谁一起工作

## 人才观

为什么把人才放在第一位？万科的核心价值观里面就有一条"人才是万科最大的资本"，而阿里的成功也被认为是马云作为老师吸纳并且成功改造了一批批的人才，在马云的教育下，让一群平凡人做了非凡的事。

那为什么又是人才观放在人才文化的最前面？因为人才观决定了我们想要什么样的人，一个组织需要什么样的细胞来充实自己的肌体，组织的人才观就像一把无形的尺子、一台X光机，在检视看人才的底色。

人才观看起来只有几个字，背后有一些名词的解释，对管理者而言，就是要通过管理体系、方法和工具，对人才观进行描述，从而通过一个企业或者一个组织的职能分解下去，变成可以被标准化、流程化的操作。

文化场域：从万科到阿里

**从人才观到胜任力**

每个组织需要的人，最顶层是人才观，代表了一种人才的文化，支撑这个文化的就是叫做胜任力模型的机制。其实我们的中层甚至是高层管理者并非都像阿里创始人那样有"闻味道"的能力，那"闻味道"如何变成一种标准，应用在日常的招聘工作中？答案是可以依靠胜任力模型。

比如聪明。如何用行为界定聪明？是通过应聘者的大学、高中学历，还是通过高考分数，甚至是高考每一门课的成绩？是要做在线的智商测试吗？如果是智商测试，那市场上是有很多测评工具的，但用什么测评工具？需要达到多少分？再比如"皮实"。如何在面试的时候就知道候选人是否皮实呢？是通过了解他过往，经历过哪些挫折？还是通过面试的打击，看他回去以后的反馈？

除了这些人的特质之外，当然还有来到公司的专业职业技术的能力，比如应聘的相应岗位要什么样的经历与能力，然后这些能力都可以用什么样的方法被验证。这样才能确保我们找到对的人，而且是通过一套体系找到了对的人，而不是基于某些合伙人与生俱来的经验。

**招人要慢，开人要快**

如果你经历过找错了人，要让他离开的痛苦，那招人就要慢下来，慎重又慎重，不能依靠猎头游说，或者说聊了一个小时就立马抛出橄榄枝。招人尤其是高级管理者，是要通过长时间观察和深入交流才会看出其未来是不是可以走长远。

从这方面来说，招人有点像谈恋爱，闪婚大概率是要出问题的，除非是那种双方都是想得很清楚、袒露得很清楚的。人和人之间、人和组织之间、人和岗位之间，是要高度匹配的，而不能是来者就用，不行再换。

所以马云说：招人要慢，开人要快。如果大家决定不在一起了，那就马上分手、互不相欠。优柔寡断，那就还是分不清"小情"和"大情"，在对整个组织的大情大爱面前，个人得失永远是最小的，如果把眼前这个人辞退是对一个组织好，那就要立即做决定，并且付诸实施。

文化场域：从万科到阿里

**案例**

## 从曾国藩的观人才，到阿里的人才观

北京大学国家发展研究院的宫玉振老师曾讲过曾国藩的领导力，提出"用人曾国藩，打仗左宗棠"的说法。我课后研究曾国藩用人方法——"观人四法"：讲信用，无官气，有条理，少大话。看了以后真是拍案叫绝，很多闪光的智慧都蕴藏在历史当中。

讲信用。这是信任的基础。与对方商定某事，看他能否说到做到，是否讲信用。"人而无信，不知其可也。"一个人说话不算数，就不值得别人信赖。所以，看一个人讲不讲诚信，不在于他说得怎样，要看他做得怎样。

无官气。讲的就是一种领导力，高管的谦和低调特质。官气是生活作风、工作作风的不良体现，好面子、喜恭维、爱虚荣、求享乐。因此，大家看那些一身官气的人，基本上都是讲话拿腔作调，要人拎包开门、前呼后拥、专车接送……

有调理。既有说话调理，又有做事调理。没有调理的原因无非有二：一是主观拖延，想做的事情太多，真正动手的事情太少，于是沦为思想的巨人，行动上的矮子；二是不懂规划，事情再杂乱，也该分出轻重缓急，工作再忙碌，也要先做好规划。

少大话。"先行其言，而后从之。"孔子一贯主张谨言慎行，不要轻易允诺，不要轻易表态。他认为，君子不能光说不做，而应先做后说，先做后说方能取信于人；否则，说到却做不到，就会失信于人，而管理者的领导力也丧失殆尽，没有人愿意跟着你干的。

曾国藩的人才观用现代语言说即是：简单、踏实、聪明、实干。这与阿里的人才观有异曲同工之妙，只是阿里在前面加上了动词，成为了我们人才评鉴里面讲的"行为项"，这样就更便于观察和校验。所以用人这件事，已经存在千年，"招贤纳士"是管理者最为核心的能力。

阿里的CPO童文红讲"阿里的人才观"，可能很多人都知道，是四个词：聪明、乐观、皮实、自省。

聪明。这个词我听到过一种解读最有趣，人不聪明那是癌症，所以智商是一个人才基础的基础。

乐观。说的是一个人要积极向上，凡事都要往好的地方想，这会影响到整个组织的氛围，所以阿里有一种勇于自嘲的文化，就是乐观的一种表现。

皮实。用阿里的土话说，就是耐操，像打不死的小强，遇到挫折马上就能能量恢复，再次上阵拼杀。

自省。这是非常难得的能力，人要自省才有升级迭代的能力，说白了就是要有升级自己系统的能力。

## 文化场域：从万科到阿里

**案例**

### 开人心慈手软，是"钝刀子割肉"

Hire & Fire（招人和开人），是阿里巴巴人才能力模型里面腿部力量必须具备的能力，另外两个是带团队、拿结果。

在万科，我作为管理者招过人也开过人，但是回看，其实是人力部门帮我做掉了大部分的事情。到了阿里湖畔之后，我才发现招人和开人居然是要自己亲自下场做的，这对我而言就不是一件那么简单容易的事了。

之前有一名员工，我在决定要不要他的时候犹豫纠结了很久，因为他是我从其他条线跟老板要过来的。当时他就要离开那个部门，而我部门正好缺人，我心想着，先来顶一阵子吧，反正有总比没有要好。但恰恰是这个短期的决定，让我踩了"招人快，开人慢"的大坑。

后来我因为负责建设和捐赠工作，经手账目金额较很大，需要细心会待人接物的人协助处理，而他因为年轻和运营工作经验较少，工作是有些粗糙的，有一次居然犯了一个低级错误，把捐赠证书给寄错了，A邮寄到了B。我知道的时候感觉"五雷轰顶"，居然犯下这样的低级错误。我作为管理者是有重大管理责任的，尽管后来企业家这边我做了拜访解释，但对方对我们动作粗糙的印象是难以改变的。

其实我在三个月前就已有决断，觉得他不合适这个岗位，结果又因怀有侥幸心理和情感因素下不了狠心，总是想再给他一次机会，结果犯下这个错误，最后开人就成了"钝刀子割肉"。

我在跟他谈离职的时候理性地讲了我的决定，结果反而是被他严厉反驳，反倒说我在部门领导上负有不可推卸的责任，离职谈话不欢而散。我只有找HRG（人力资源政委）求助，当时的HRG更像是一个辅导者、教练，而不是人力资源的执行者，后来是HRG和我的老板以及我一起和这名员工3对1谈话最后才解决问题。这位员工的离职，算是给我上了最为生动的一堂"招人&开人"课。

我最终在周报上写下我的感悟：不招人，焉知"生"；不开人，焉知"死"。

招人就像是在一个组织里面"生"一个孩子，而开人则更像是在组织里"杀掉"一个人。到了最后关头，真是开不下去，因为每个员工背后都是一个家庭，作为部门的大家长，没有照顾好家庭，也没有管理好他，而是让他去外面寻找生存空间，这是我们自身的管理能力有限。所谓慈不带兵，就是这个道理。

## 成长发展：从视人为人，到借事修人

**视人为人**

前蚂蚁金服CEO彭蕾曾讲过阿里的人才理念是"视人为人"，要让员工成为最好的自己，这样的组织文化造就了人才辈出的阿里。

要真正做到"视人为人"，还要以心育人，核心在一个"育"字。很少人能像养育孩子一样养育员工，如果你遇到了那就是一种员工的幸运，有这样的管理者也是一个组织的福分。我很幸运在万科、湖畔都遇到了这样的管理者，即便我离开了工作岗位，大家还是会亲密无间。

朋友间是真心还是虚情假意，相信人都是会感知出来的，我们不要把自己想得多有能耐，其实也就是多了个岗位和职级，有些经验而已。真正的站在人的角度，替他思考，帮助他解决问题，给他铺平道路，是真正考验一个领导者的。而这种成就应该是一种相互的、双向的满足，管理者让员工更好的同时，自己也获得满足。有这样特性的管理者才是具备领导者素质的管理者。

## 借事修人

在人才的成长过程中给予其机会，更重要的是要给予其锻炼的机会。很多年轻的人才你对他说一万句，不如给他安排一件事去打磨来得有效果。我们要珍惜每一个人才，在组织里为每个人才安排发展机会，规划他们的职业路径。从更加长期的角度来看，甚至要给他们做职业规划，以心育人，以专业立人才是对个人、对组织最大的贡献。

当我们看到他要"撞墙"或者"摔倒"的时候，不是要提醒他，因为提醒往往是无用而且无力的，而是推他一把，让他摔得更重一些，等到他知道痛了，才会改变自己的行为方式，才会长记性。企业家的出身往往决定了他在组织里面对人才培养的风格，如果是老师出身，则是教育培养风格；如果是军人出身，则是训练实战风格；如果是技术出身，那往往会把人当程序机器，反而会不太关注人本身。

华为的干部培养有"7、2、1"原则，就是人才70%的成长来自工作，20%的成长来自跟同事学习，10%的成长来自课堂里面的教学。阿里"借事修人"的本质，就是通过做事情让人得到学习和提升。

## 疑人要用，用人要疑

管理不但是技术活，还是手艺活。管理是一门艺术，所谓领导力（leadership），就是作为领导者（leader）的素质，是一项可以被

## 文化场域：从万科到阿里

培养和发展的能力。企业最大的产品就是人，而人这个产品在进入组织的时候，不是一个完美的产品，需要不断去打磨，用马云的话总结就是疑人要用，用人要疑。

疑人要用，是当这个人还不是令人很放心的时候，该用还是得用，放在不是太核心的岗位上，毕竟人无完人，要找到价值观匹配的人很难。通过在工作中不断吸取教训让他改进提升。路遥知马力，日久见人心。人往往会在工作的过程中展现出他的德行，根据这些工作中的表现去判断他到底是可改，还是改不了。

用人要疑，人是有很强的复杂性和伪装性的，用的过程中要不断地观察，不是你用了就不管他，而是在用的过程中，要多一只眼睛盯在那里，同时也要多一颗心在他身上。用了人不去管他，不去测验他，过度授权，那受害的只能是自己的企业，因为人是会发生变化的，这也是人性。

一般来说，越深层次的"德"的问题越难改，越是小的行为习惯反而好改。所以马云说，很多企业往往是一流的战略，二流的人才，三流的执行力，这相当于"看到做不到"。而阿里的逻辑是倒过来思考，一流的执行力，二流的人才，三流的战略，就算是执行上走错了，最后道路会弯弯曲曲，但还是会到达终点。

第二篇
内化于心

## 案例

## 阿里的人才策略，超越伯乐，因人设岗

在工业化、科层制的组织里，为了提升效率，工作细分，把"人力"看成是"资源"，所以叫人力资源，就像把人作为机器上的一个零部件。

相反的，互联网公司对人的观点就不太一样，马云就禁止公司用"挖人"这个词，他也说自己从来不去竞争对手那里挖人，他只是去"说服人"。此外，他也经常用"请人"这个词，尤其是关键岗位，是要把人请来，帮助自己的组织做优化提升。

马云分享过一个"借事修人"的案例：之前有一个下属去找他抱怨，说手头的事情实在太多了，忙不过来。马云心想你事情多是吧，那再多给你几个任务。再过了一阵子，那位下属回来跟马云说，自己终于想清楚了，还是一个Priority（优先级）的问题，自己觉得事情多到忙不过来，那是堕于思考，不会排优先级。

这是一个非常典型的"借事修人"的例子，作为成熟的管理者，尤其是高级管理者是非常有自我意识和主见的，而且也有使命感和获得结果的雄心，但是往往在听取别人甚至是领导的意见、要求的时候也会坚持自我。

直到现在，阿里的CEO逍遥子说，他也保持了很好的习惯，就是每周末都泡在咖啡馆里跟各种人聊，也就是与人才保持一种沟通的密度和频次，其实这也是CEO保持学习和进步的一种方法，面谈

### 文化场域：从万科到阿里

是最高效的获得行业经验知识的方法。据说，盒马鲜生的侯毅（花名"老蔡"）就是逍遥子这样"聊"来的。

所以核心管理者要超越伯乐，要去不断感召人才，而人才选择加入，在考虑财务回报的基础上，企业的使命和愿景价值观是他们最为看重的，看企业是否能走长远，是不是同路人这样的底层信息。

马云用人也很大胆，他还会"因人设岗"，这也是管理里面比较忌讳的词汇。比如参谋总长、首席战略官就是为曾鸣教授的加入而专门设置的岗位，还有逍遥子发掘的现淘宝和天猫的掌舵人蒋凡，他也是逍遥子在梯队里发现的人才。当时蒋凡已经通过把公司卖给阿里实现财务自由，他原本只是在创始人禁业期内在阿里混日子，但是在一次会议上，老逍发现了他坐在后面刷手机，就跟他长谈沟通，发现了蒋凡的才华，于是迅速委以重任。

在阿里湖畔浸泡久了，在落地与变化的组织文化当中，我对阿里的组织文化逐渐熟悉与理解，而我的管理风格也日渐成熟。

一方面，做事开始专注聚焦、目标导向；另一方面，我也开始从更深层次去思考事情背后"人的问题"，以及最佳的解题路径。当然过程中免不了磕磕碰碰，要拿到最终满意的结果，也不能老是做老好人，也要会做恶人，看到问题眼里也要容得下沙子。

其间读《道德经》，看到一个词"和光同尘"，特别喜欢。道德经里的原文是"挫其锐，解其纷，和其光，同其尘，是谓玄同"。

意思是指不露锋芒,消解纷争,收敛光耀,混同尘世,这就是深奥的玄同。

　　原文解释为无为而治思想的体现,但是我在想,如果是"无为"而治,又何必要去挫掉锐气,解除纷争呢?这不正是一种有智慧的"有为"表现吗?如果允许有画面感一些的解释,我觉得也可以说是,面对问题要迎着光,也要容许光里面有灰尘。我把这句话也写在了周报里面,勉励自己在项目进行的过程中要有一种远见、热量,更要有包容和智慧。

## 新陈代谢：组织不是家庭，而是一支竞技球队

### 人才盘点

阿里的组织人才发展体系里有一个知名的管理工具——人才盘点。简单来说，通过绩效和文化的差异，把人分为四类：明星、白兔、野狗和黄牛。阿里的人力资源部门形容人才盘点，就是定期把货架上的货盘一盘、理一理，做一下人岗匹配，正如奈飞组织文化里说的，员工与岗位的关系不是匹配，而是高度匹配。

明星，顾名思义，是最优秀的员工，也有很高的战斗力、很浓厚的文化，是不是有潜力还有待观察，但他们就是标杆。

白兔，里面还分为"老白兔"和"小白兔"。小白兔就是组织里那种乖乖听话，也不会乱跑，但是缺乏主动性的员工，而老白兔就是那种听话的、但是不出业绩且深谙公司游戏规则的混世老员工。

黄牛，就是勤勤恳恳干活，每天做好本职工作的专业性员工；这样的员工是组织需要的，有很多重复劳动的岗位是需要老黄牛精神的，老黄牛不升职加薪也不一定会走。

野狗，就是那种价值观文化不太匹配的，可能会乱叫乱咬人的员工。因为这样的人有狼性，或许会拿到很好的业绩，但是也有可

能把组织文化搞得一团糟,甚至有可能背叛组织。

野狗出现价值观问题是迟早的事情,通常盘点出来就要处理,这不难理解。需要关注的反而是老白兔,因为老白兔多了会影响明星的积极性。如果大家都是一团和气,听话当主人的"萌宠"的话,那么这个组织就会慢慢失去活力,而成为一个宠物乐园。

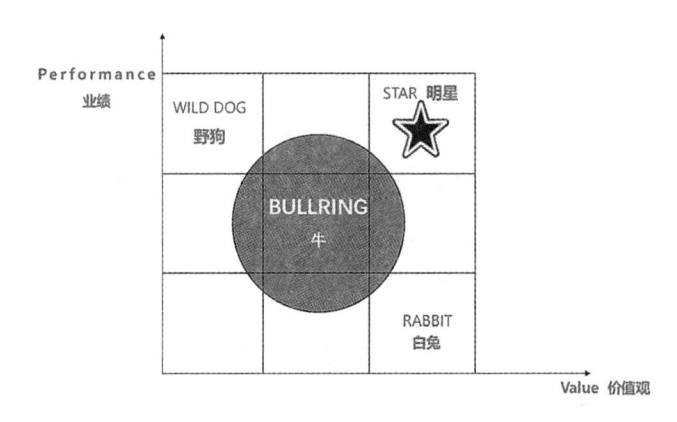

业内著名的阿里人才盘点九宫格

**强制排序**

一个组织要进步,还是得有赏优罚劣的机制。所以末位淘汰制度是很好的方法,也就是组织里面每年必须有一定比例的人要被主动淘汰。人才强制排序的比例比例可以是271,优秀的20%,中间的70%,末位的10%,也可以是361。

## 文化场域：从万科到阿里

很多公司会引入一套看似科学全面的绩效管理系统，把每个人都分几个工作，按照目标的完成由情况上级确定一个分数，然后按照分数来排序，最终得出绩效优秀、中间和落后员工，根据绩效考核分配奖金以及后续的升迁和调用。

强制排序要分横向和纵向，横向是一个层级的，纵向是一个业务条线的，包括最小业务单元。而且强制排序以后，要跟本人沟通谈话，要让他知道在排序里面的位置，绩效是要做"通晒"的。

我们每年都是要做强制排序的，排序出来以后管好"一头和一尾"。最优秀的20%，他们为什么是优秀的，给组织做出什么贡献，输出文化案例让更多人知道，我们为什么奖励了这样的人。哪些人要进入10%的末位，是要被充分讨论的，并且确定理由。当时的组织不是很大，所以每年都是有3~4个人必须末位淘汰。

### 强制轮岗

环境可以改变一个人，轮岗则是内部培养干部的最佳方法。轮动的方法基于横向和纵向的原则，条线领导管片区，片区领导管条线，然后"下乡"考验基层能力，再上调作为储备或者主管干部。而且轮动后不准带自己的原班人马，能把条线管好需要很高的领导艺术，这样慢慢就培养出自己的干部梯队了，如果还是持续优秀的人就可以被组织提拔任用。

在阿里一般是1年不太会动，2年要考虑一下去哪里，到了第3

年必须强制轮岗。时间长的干部到了3年还不轮岗自己都觉得不太正常,所以说"拥抱变化"这条价值观不是说说的,而是真的在这么做的。

卫哲曾经说过,阿里历史上有一次100多位总监一夜之间轮岗的情况,今天你把工作交接给别人,明天就要去接另一个人的工作。总监是腰部力量,也是未来的中坚力量,所以大范围的轮动还是为了发展培养。

当然,没有好的组织文化、价值观为基础,没有强制排序为前提,这样的干部轮转也是做不到的。因为轮岗是逆人性的,牵扯个人利益、家庭、团队等外围情况。如果从机制层面看,的确是要坚持,但是从个人角度,轮岗还是会影响生活和家庭平衡,如果没有配套的机制保障,杀伤力也是巨大的。

文化场域：从万科到阿里

> 案 例
>
> # 日本企业家三泽先生的人才盘点
>
> "物以类聚、人以群分"，分类人、盘点人都是一种专业与能力，盘清楚人才了，才能把人与岗位高度匹配起来。
>
> 现在回想，之前在一次培训上，我们也曾经接受过PDP性格测试[1]，这比人才盘点的分类要温和一些，是帮助人认知自我和认知团队成员特点的工具，把人按照性格划分为五种动物：孔雀、考拉、老虎、猫头鹰和变色龙。
>
> 联想到我此前在《走进梦想小镇》里分享的一个案例，良渚美丽洲教堂的日本承建商——三泽国际创始人、八十多岁的三泽千代治老先生也有过类似的人才盘点论述。
>
> 首先，他保持了非常好的与人互动的习惯，每天都要从报纸上挑选有趣的人见面，建立起他与时代最优秀的人之间的沟通机制。其次，他认为企业中80%的人是在行动，而20%的人是在劳动。最后，根据他的经验，他把企业中的人分为5类：
>
> 人财，是说企业里面有一种人来了就是带来财富的，甚至什么事情都不用干，财富就来了，相信在很多依靠资源驱动的企业里就有人是这样的"福将"。
>
> 人才，则是马不扬鞭自奋蹄的人，稍加点拨就可以为组织作出

---

1 PDP，Professional Dynamic Program，行为特质动态衡量系统。

贡献。

人材，是可造之材，假以时日，培训培养，可以成为组织依靠的人的。

人忌，是要留意他在组织里面的表现，要格外小心，这类人要么不工作，要工作就会给组织造成损失。

人罪，这类人则是必须清除出组织的，就像犯罪分子一样，是害群之马。

所以说人才盘点有很多的方法，也可以有自己的分类，不论是有科学依据的PDP、MBTI[1]或者其他，还是来自创始人经验的总结，都是可以在组织管理中去应用的，关键就是要结合自己的组织文化，让人才盘点成为一种管理的文化。

---

1 MBTI，Myers–Briggs Type Indicator，迈尔斯—布里格斯类型指标，一种人格类型理论模型。

文化场域：从万科到阿里

**案例**

## 赛艇领导力，个体"错"得一致了，组织就对了

在剑桥大学，也有一位管理学教授Mark专门研究赛艇运动与组织、管理以及与心理学的交叉关系，很多的创业者也通过划赛艇感悟到了管理上的道理。

赛艇运动中有一个案例：8人艇中有8个桨位，从前到后的标号是由8到1，每个桨位的动作都要求与前一个保持一致，就像火车头上一个轮子连接着另一个轮子。赛艇的每一个位子都有固定选手，同时也有"板凳球员"，为了全队的胜利，这些都是可以被调整的。

如果你是4号位，你发现在你前面的5号位桨节奏划错了，5号位没有跟上6号位的节奏，你是跟着5号位错误的节奏划，还是跟着6号位的节奏划？

正确答案是：就算前一个桨手节奏跟错了，你也要跟着错误节奏划，即4号位要跟着5号位错误的节奏划，这样你后面的3号位才可以跟着你，不会整条船节奏跟错，这样整条船的速度才是最快的。如果8个人都用自己认为正确的节奏划，那么这条船反而划不快。所以就算你的节奏对了，那又如何呢？

另外，因为桨手不是舵手，更不是教练，所以员工永远看不到组织完整的面貌，信息和视角是有偏差的，更看不到竞争的情况，所以往往个人认为对的节奏反而是错的，整条船因为你的节奏反而

不和谐了。

所以个体"错"得一致了，组织就对了。

再拿赛艇这个案例来说，当你作为桨手，在划船期间是要保持专注的，是不允许说话的，也不允许对船的行进、节奏进行指挥，更不能指手画脚。如果不这样就会被教练认为不合群，个人意识大于整条船，一定是会被换下的。

湖畔二期赛艇训练营

同样的，我们在一个组织里面，你作为一个员工，即便是看到了组织的问题，你说出来的同时，也就代表了你并不是在专注做自己的分工。这样做可能比较专权，但是，你的不恰当意见只会挑战教练和舵手的权威。

## 文化场域：从万科到阿里

> 马丁·路德·金的妻子、美国民权运动领袖科瑞塔·斯科特·金说过，你的观点再犀利也没有意义。如果不用自己的洪荒之力积极推动，使问题得到解决那么，你本身就是问题的一个部分。

# 第三篇

## 外化于行：

集体行动的机制与设计，组织文化场域落地的10个要点

组织文化要落地，只依靠个人是不够的，而是要一群人共同努力，这是我在学习行动研究理论时的感悟。所以我们要从个体学习，到集体学习，最终促成集体行动。如何通过机制设计、文化驱动、组织保障等一系列措施，来推动组织文化的落地？我认为还是要搭建一个"场域"，从最大的硬件建筑空间，到软性的组织文化氛围，再到工作方式和建章立制，还有这些规则下人的协同工作方式，构成了场域的全部。我试图总结10个要点以及相关案例，帮助管理者理解这个"既有形又无形的场域"。

## 上行下效：塑造组织文化是 1 号位不可推卸的责任

### 组织文化的结构观

中医传统理论把人模糊分为三交，就是"上交、中交、下交"，如果把组织想象成一个人，恰好是对应了阿里"三板斧"里面头部、腰部、腿部的三段论结构。头部是组织的管理者和决策者，腰部是组织的中层干部，而腿部则是具体负责落地的普通员工。

我觉得这是东方管理语言里面一个比较形象的模型，可以帮助

## 文化场域：从万科到阿里

管理者快速理解组织。在西方管理理论当中，很少出现这样的组织架构的理解。

卫哲说阿里的管理和外企的管理，就像中医和西医的区别。阿里的管理哲学比较像中医，中医理论是一个系统论，如果哪个部位出了问题，那可能是整个组织的问题造成的，就像癌症一定是免疫系统出了问题，所以他总结，中医是"头痛医脚、脚痛医头"。

而西医则通过归纳和演绎的方法，各种体检、组织诊断，根据诊断出来的问题提供针对性解决方案，这可以被总结为"头痛医头、脚痛医脚"。西医擅长诊断问题，通过外科手术解决显而易见的毛病，效率解决问题要用中医的思路，中西医结合疗效才好。

在企业日常的管理实践当中，很多干部都是从底层一点点爬上来的，受过很多西方管理思想的教育，而这些思想是基于工业时代分工所形成的理论，很少建立组织系统论的结构来思考问题，所以看问题的局限性就比较大，格局也不够。而西方管理学界都对东方的阿里这套管理方法非常感兴趣。中医的系统性理论、模糊判断、低成本诊断、改善免疫系统的治疗方法，相对西医而言是重要补充，也是很有创新性和前瞻性的。

### 组织文化的系统观

除了一个组织的结构思考，我们还要看到一个组织从内而外的系统思考。我们经常抱怨说一个苹果烂了，可能是从"核"烂出来的。什么是内核？除了核心管理者的问题，还有从看不见的想法，到可以梳理出来的制度，再到外部观察得到的行为和器物，这一系列也许都有病毒的存在。

所以要改善一个组织，是要从内而外、从上至下的系统性的改变。

就如同一个人神经衰弱有抑郁症倾向，久而久之，神经系统会出问题，体力慢慢也会跟不上，心肝脾肺都会出问题，甚至都有可能得癌症。如果我们只针对癌细胞解决问题，那是舍本逐末。而同样的道理，一个组织如果核心关键人开始懈怠，文化上就可以容忍员工的消极态度，那很可能脑力就会打折，然后体力也会因为消极而变得缓慢，从而整个组织的健康就会失去保证，竞争力也会相应打折。

所以要组织健康，一方面要自检，另一方面还要自己不断训练，从内而外、从上至下地逐渐改变。这样而言，作为创始人和管理者，自律就相当重要，自省也很重要，通透坦白更重要。现实当中我们往往看到了问题，但是自动忽略问题，缺乏自我革新和改变的勇气，不愿意吃牛肉、羊肉，所以也长不了自己的肉。

## 1号位的责任

组织文化的传递，就像在平静的水面丢下一块石头，那泛起的波澜，一层一层地传播开来，组织当中也会一层一层传递下去。文

## 文化场域：从万科到阿里

化管理是组织1号位不可推卸的责任，甚至要上升到战略保障的高度。

很多管理者企图把文化管理的职责外包给人力资源部门或者咨询顾问，又或者试图通过一次培训、共识、会议来解决文化管理的问题。但是这样往往收效甚微，所以他们开始用奖惩这种方式来激励组织产生出一种类似奴役的文化。久而久之，组织越来越遵循着利益的惯性，像滚雪球一样，渐渐失去文化潜移默化的作用。

文化的生成是与1号位融为一体的，而价值观是组织文化最为核心的表达，就是你选择做什么不做什么。这就像一个家里面的家规、祖训，指导着整个家族的人繁荣昌盛，并且保持在一定的传承基础之上。

文化的营造是与管理者的言行举止相一致的，也是自上而下形成的，管理者带头不遵守价值观，那你如何要求下属？文化就像宫崎骏电影《千与千寻》里面的那只吞噬怪物，你喂给他什么，他就会吞噬什么，直到吞噬得越来越多，最后他还会还给你什么。

> 案例

## 万科高管的珠峰班，要去爬一座雪山

我始终认为，万科是一家文化优秀的公司，也是企业文化中"上行下效"做得最好的企业之一。创始人王石登珠峰，接班人郁亮登珠峰，万科高层管理者也有珠峰班，珠峰班的最后一课就是登一座雪山。万科被戏称为"运动员股份有限公司"，从创始人王石，到接班人郁亮，再到各大区域的"区首"以及业务高管，都会自觉不自觉地从事体育运动，比如马拉松、自行车、赛艇、登山等。

创始人王石最为人所熟知的就是他曾经2次登顶珠穆朗玛峰，创造了最大登顶年龄的纪录。而此后CEO郁亮也追随王石参与过珠穆朗玛峰的攀登，王石主席知道后非常欣慰。了解登山运动的都知道，这是一项需要团队协作、缜密计划和克服高原反应带来的身体痛苦，挑战身体的极限才能完成的运动。而登顶以后的愉悦与成功也是常人无法体验的。

万科企业大学2012年就在核心管理层的高潜人才中设计了一个培养未来接班人的干部培训班，叫做"珠峰计划"，所有参加珠峰班的人都以此为荣，就像阿里的"风清扬班""逍遥子班"。最早的"珠峰计划"，是要求每个管理者设置一个自我挑战目标。

王石先生曾经说过："世界上最难攀越的山其实就是自己。"其实每个人心里都有一座山，每个人都有自己的目标，但是要想达到这样的目标，最难克服和最难跨越的可能就是自己的那些困难、弱

## 文化场域：从万科到阿里

点、性格中的一些缺陷，或者其他的一些障碍，等等。

我把这个培训班解读为一种组织文化，登山就是万科创始人最底层的文化底色，也是文化浸染和干部选拔、培训发展结合的最佳行业典范，是促动高级管理者通过行动学习提升自我的管理实践，像这样选择极限运动来提升管理者的案例还有"走戈壁""走长征""去古田""走延安"等。

"读万卷书，行万里路"，讲的就是行动、体验与知识输入性的学习对于成人来说同等重要。很多人单纯地把组织文化理解为"宣讲"，要天天讲、月月讲、年年讲，那只是路径之一，通过集体行动来改变或者强化是组织文化的一种重要路径。

> 案例

## 德州扑克与麻将，企业文化看不见的线

组织文化还有一个有趣的现象，比如阿里曾经有一种选拔人才的方式——德扑选人才。绿城也有一种麻将选人才的方式，而之前我也曾看到有公司的1号位爱好狼人杀，于是就通过拉着团队玩狼人杀的方式选拔人才。

不论是德州扑克、麻将，还是狼人杀，抑或是卡拉OK、马拉松和登山，创始人都会有一种个人爱好，而通过这种工作之外的个人娱乐爱好影响组织文化，其实就是企业文化看不见的那条线。我曾经也听过一个令人咋舌的故事，某管理者因为创始人喜欢打麻将，于是通过陪创始人通宵打麻将甚至陪创始人的亲属打麻将获得好感与认可。

这种在正常工作场合看不见的企业文化，是事实存在的，这也是人性使然。

首先，谁没有个爱好呢？德扑、麻将这种在国内外都属于国粹级别，算是好的了。正是因为企业创始人天然有一种"赌性"，否则企业在关键时刻也做不到"以小博大"，所以，喜好这种带有一定赌性的游戏便是他们的基本假设。

其次，企业文化就是"老板文化"。老板喜欢什么，那些要上进的管理者是会投其所好的，尤其是参加他们爱好的活动，会增加与创始人接触的机会，自然也是一条晋升的绿色通道，如果组织鼓

## 文化场域：从万科到阿里

励这种文化的存在，那也会影响到整个组织的氛围。

就这点而言，万科的创始人王石非常自律，也是很多人追随学习的模范，因为他而进行登山运动的管理者从来不会因此在工作中有任何的好处，虽然这有些不近人情，但这也是我跟随王石主席这些年看到的真实情况。

## 战略共创：让战略成为组织文化的一部分

### 从文化到战略

文化如果不落地，不产生结果，那是违背了商业组织建立的目的，商业组织天生就是需要拿到结果的，因为再虚的文化都是要变成实的结果，而战略就是把文化与结果牵起来的那条线。如果说企业文化是看不见的线，那战略实施就是那条看得见的线。

文化是战略的牵引者与发动机。比如你内心喜爱登山，想去挑战珠穆朗玛峰，你才会制定一个为期3年的登顶计划。或者比如你想挑战马拉松，那你从今天开始可能就要从跑步5公里，选择适合自己的配速和心率开始训练。所以文化孕育着价值观和使命，而使命催生出了愿景，要达成愿景就需要制定清晰的战略。

一个组织的战略也是与文化息息相关，组织文化决定了战略的框架、思考、执行与最后的达成。战略在达成过程中，也会沉淀出一些可见的节点、故事、机制，这些总结提炼又让文化得到了丰富。

## 文化场域：从万科到阿里

### 战略是一连串持续决定

"都说两点之间直线最短，但是在企业经营上，往往两点之间是曲线最近。"这是海底捞的创始人张勇说过的一句话。有时候直线是我们理论的距离，而最终的结果，往往曲线才是最终能达到的方式。

今天的战略早就不是通过一次战略，就可以"一张蓝图绘到底"，而是一连串的持续的战略决定和迭代升级。

因为我们面临的是一个高度不确定、存在巨大变化的VUCA时代。不论是数字经济还是房地产行业，抑或是外贸行业，不确定性成了常态，以至于我们过去学习的很多内容，战略也好、组织也罢，都需要进行一定程度的修正。

这将导致我们组织的整体思考方式、行动方式都发生变化。战略制定、组织设计不再是CEO和他周边一小群人的事，而是在更大范围内成员要一起"战"和"略"的系列行动。思考、计划和行动也不再有先后顺序，而是越来越紧密的"知行合一"，是边走边想，边想边做，边战边略，做出一连串持续的决定。

当今时代我们很难自己给出一个三年的准确判断，因为任何三年判断一定是错的，你只能做一个初步判断，然后根据反馈做迭代和优化，你只要比别人早一点接近未来就够了。但挑战在于，这套战略制定、执行、纠偏、再制定，周而复始的方法论是需要训练的。

第三篇
外化于行

## 让战略成为组织文化

为了应对高度不确定性环境，组织战略的制定就要成为组织文化的一个部分，要成为周期性的集体思考和集体行动。

现在越来越多西方的咨询公司不太吃香了，为什么？这是因为在传统的工业文明时代，企业做重大战略决策的周期往往是十年或二十年，所以请一个咨询公司来，花半年时间做一份厚厚的战略报告就行了，不需要设立战略部，不值得投入精力去培养组织的战略能力，也没有办法培养出战略能力，因为做重大战略决策的机会很少。

因为咨询公司的方法论比较好，所以众多企业都把战略能力外包给咨询公司，请咨询公司用成熟的方法论来帮助自己做长期的十年战略规划。即便需要花费数千万，但一想能管十年，也觉得值。但今天，当你的组织需要持续不断地输出战略决策，战略就必须变成管理者的核心能力，同时它还要成为组织的内生能力。

此外，战略的制定和执行周期也越来越短。在很多科层制企业当中，战略决策都是自上而下的，战略目标层层分解后，下面的员工用标准化的动作去完成，然后实现一个确定的KPI。数字时代，一个组织面临的挑战是，如何通过分布式协同的方式来完成战略实施？这是数字经济时代面临的战略制定挑战，唯有变化得快、组织柔性高，才会在未来的竞争中取得先机。

文化场域：从万科到阿里

> **案 例**
>
> ## 曾鸣教授的极简战略框架
>
> 马云曾经提出过一个关于战略的设问：企业经常遇到"七个缸，五个盖"的问题，这个时候怎么办？以前我也听过类似的问题，正确答案是要把盖子不断地在缸之间轮换，以把所有缸的水都加热，从而得出一个结论——"提高周转率"。马云否定了这个结论，提出了一个新的方法——学会取舍。
>
> 马云给出的答案是，"砸掉两个缸"。并不是所有人都会"取舍"，我们往往都是在遵循着"既要、又要、还要"的绩效文化。曾鸣教授在来到阿里之前就是中欧工商管理学院的战略学教授，来到阿里之后，他作为参谋长陪伴阿里一起杀出一条血路。如今他云游海外，在硅谷陪伴更多的创新企业，《智能商业》就是他一路心路历程和收获的所得与思考。
>
> 书里曾鸣教授用了简洁的战略框架来定义战略，那就是"战略是可做、想做、能做三者的集合，三者交集的地方就是该做的事"。这句话十秒钟可以读完，但是要在实践当中领悟到真谛，可能需要十年甚至更长时间。
>
> 第一，想做。你想做什么？你的目标、理想是什么？什么能让你兴奋？
>
> 第二，可做。外面有什么机会？什么事是可做的？ 这里一般指的是你选择了什么样的赛道，或者什么样的业务，这个赛道是否

够宽，业务是否有可能成就你想做的。

第三，能做。什么东西你能做？你有什么样的资源、人或者组织建设的能力？你有哪些别人不具备的能力？

要回答完以上三个问题，才算完成一次逐步的战略深度思考。

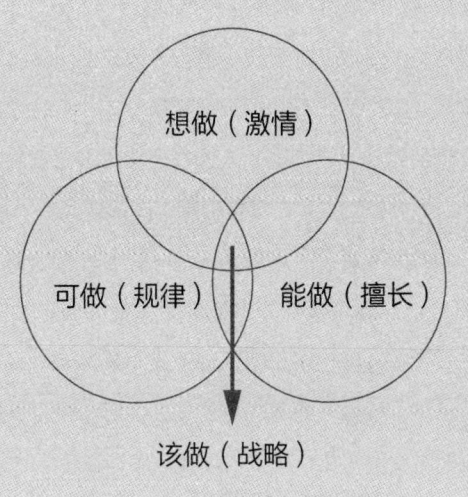

```
        想做（激情）

可做（规律）    能做（擅长）

        该做（战略）
```

**曾鸣教授的极简战略模型**

如果要在这个战略思考框架里排个序，我认为首先要想清楚的还是自己"能做"什么，因为"能做"是最能客观量化评估的东西，你有什么核心竞争优势，有什么其他人不具备的能力，有什么独特的资源，有什么特殊的团队，让你们在这个领域里一开始就具备先发优势。

## 文化场域：从万科到阿里

  其次是看"可做"的部分，"可做"就是向外看，向外看是否有类似的业务或者同行已经走在前面。或者看西方国家走过的路，哪些是规律也适用于中国，所以其中是否蕴藏着机会。又或者你也可以往后看，历史上发生了哪些类似的事情，相对于现在，历史都是在不断重复的，那可做的概率也会增加。

  最后才是看"想做"的事情。因为人天天都想做事情，头脑一发热就想做什么事情了，目标每天都在制订，让人感到兴奋的事情也很多，理想就更难说了，很多人走着走着会忘记理想，因为理想有时候也不是那么坚定，都是模模糊糊存在的东西。

  其实"想做"背后的思考就是围绕"你有什么、你要什么、你可以放弃什么"，"想做什么"对应创始人初心当中的"要什么"，而且要了之后会放弃掉一些东西，这些是不是你现阶段或者将来愿意放弃的。但是"想做"是最主要的动力，因为很多情景和资源会因为想做而逐渐发生变化，所以"想做"还是最底层的原动力。

**案 例**

## 战略如吃红烧肉

淮海战役时期，刘伯承元帅有一句名言："吃一个、夹一个、看一个。"我也听过某企业家把刘伯承元帅的这句名言应用在战略上，拿红烧肉做比喻，我们吃红烧肉，要吃一块、夹一块、看一块。

定战略最核心的是远见。远见是战略判断的前提和假设，是战略前瞻性的基础。曾鸣教授把战略的思维从时间维度概括为"想十年，看三年，做一年"，以此来确保企业发展的短期、中期、长期都有明确的战略和思维。

"想十年"主要是1号位要不断琢磨，高层管理者需要具备战略思维的能力，而战略思维取决于资源的整合、条件的匹配，需要花更长的时间一点点积累优势。"看三年"是腰部管理层要做的事情，中层管理者可以一人发一个"望远镜"，发个"无线电"，具备懂得战略意图和具体战场灵活指挥的应变能力，去观察产业、行业到底发生了什么样的变化，决定要冲锋还是撤退。"做一年"是一家公司执行层的事，基层只需要知道执行，只需要说"yes or no"，听到冲锋号奋勇杀敌就可以。

马云更多做的就是"想十年"甚至更长远的事情，考虑更多不确定性的问题。时任蚂蚁集团CEO的胡晓明（花名"孙权"）也认为，很多创业型公司的CEO把大量时间花在了战略制定上，但企业经营其实是 30% 的战略加上 70% 的战术。只有战略，没有目标去执行是不行的，千万不要出现"台上讲一套，台下做一套"，1 号位一定要确定好时间表、责任人、目标。

如果一家企业的士兵天天在谈论战略，那这家企业肯定出了很大问题，"脚老"是在做"头"的事情，那事情一定是颠倒过来的。高层要会战略，中层要懂战略，执行层则一定要拿到结果。

# 组织设计：精密地设计组织，而不是简单地架构组织

## 生产力与生产关系

在明确了战略方向和赛道以后，还要思考清楚当前的主要矛盾是什么；应对这样的矛盾谁是最合适的解决问题的人选；这个人是否值得信任，是否具备打败市场上竞争对手的能力。这就要说到"生产力"与"生产关系"。

这里的"生产关系"和马克思理论讲的生产关系有关联，但是又有进一步的延伸解释。

在马克思经典理论当中，生产关系是一种客观的物质关系，在生产的物质关系里，个体间、群体与自然环境以及和社会的关系是生产关系的具体内容。人造就自己的生产力，决定着生产关系，最终生产关系也由人类自己造就。在理论当中，生产关系是一个抽象的复杂的概念。

在商业环境当中，还是要为战略落地提供支撑，以字面意思去理解，也就是生产力之间、生产力与人之间、人与人之间的关系。因为组织是承接战略的载体，所以生产关系是战略执行中要充分思考和讨论。

## 文化场域：从万科到阿里

### 组织设计

适配战略的组织要进行设计，就像设计一台精密仪器一样去设计组织。组织设计中最为关键的还是1号位的选择。阿里在开展一个新业务的时候对人的选择还是非常有讲究的，比如谁适合这个业务，如果是战略业务，一定由组织里面最合适的人担当。

互联网行业的特性是创新，所以对选人很有讲究。在我所在的地产行业，对于选一块地、选一个项目、选一个城市和投资片区的重视程度，大大超过了选一个1号位，往往都是地拿了，项目定了，城市和投资片区定了，甚至销售额战略都定了，再去看有谁适合这个岗位。这是典型的投资驱动、资源驱动型行业的做法，所以人在这个行业中能起到的作用相对互联网行业小得多。

此外，制造行业的组织设计也是不需要太多思考的，地产公司所谓的组织设计就是人与岗位匹配、人与项目匹配。因为行业比较稳定，内外部环境面临的变化没那么大，不像互联网公司，投资者的钱烧完了，可能下个月连公司都没了。公司没了，业务拆分，部门增减，这些组织变化在互联网行业司空见惯，但是制造业尤其是地产业，经历了黄金时代、白银时代，在城市化的推动中，还是相对比较稳定的。

### 组织架构与隐藏架构

我们很多人都是从成熟的组织架构当中成长起来的，也就天真地认为天底下就这一种组织架构，但是我们还是要试图回到最初的原点思考，组织架构是成熟的分工，是一种组织设计下组织关系的产物，是部门之间配合的工具，所以我们要跳脱出来看组织架构生成的机制以及其背后的逻辑。

一个组织的目标就是找到正确的人，做正确的事，用正确的方法，把事情、人以及方法论有机融合在一起，把合适的人和正确的事融合在一起。这就是战略执行机制的核心，也是组织架构存在的意义。所以，架构的存在是为了战略目标的达成。因此，架构是可以设计和调整的，部门存在的意义就是人的分工与协作，有利于分工协作的就可以存在。

此外，我们还要看到单纯为了业务部门分工的组织架构背后隐藏的另一种架构，也就是一个组织的历史沿革、人事变动、派系分别甚至是裙带关系带来的一种隐藏在背后的架构，这个架构往往才是我们CPO和CEO要去深度思考和拿捏权衡的点。

## 文化场域：从万科到阿里

**案例**

### 菜鸟新业务的"搭班子"

首先是要考虑1号位的人选。钉钉的创始人陈航（花名"无招"），当时也是因为"来往"业务失利以后，面临服务器都要被关闭的境地，作为产品经理的无招请求公司再给他一次机会，结果做出来一个阿里上下都佩服称赞的产品：钉钉。

因人成事，事情成功的背后都有一个灵魂人物，那我们在考虑战略的时候也要遵循这个思考路径，谁是最适合把战略落地的那个"对的人"，然后围绕这个1号位来做组织设计。

菜鸟的创始成员童文红讲过，当时她被马云指派去做菜鸟业务，因为她之前管过人，管过行政、客服、人力，也管过建设拿地，而且在拿地建园区的过程中，对团队的管理也充分展现出正直的品格，所以马云指定她来搭建菜鸟业务。

除了业务1号位，组织设计还要考虑好2号位。

按阿里的说法，就是选一个"好政委"，政委与1号位互补。当然，到底谁最合适跟1号位搭档，也可以由1号位自己来选。

卫哲之前讲过他做百安居CEO期间对于组织架构的认知，他认为，外企总部定下来的组织架构是不能随便动的，他就是一个百安居中国分公司的"部门经理"，部门经理是不需要知道组织架构如何调整的。但是当他来了阿里当CEO之后，发现组织架构居然是可以变化的，他不由感叹，原来老外没有把最核心的管理技能教给他。

一个新业务的负责人作为1号位,第一时间要考虑的是组织架构问题,也就是与他最初一起创业的"班子",这个班子可能就是七八个人、十来条枪,就要去闹"革命"了。很多人不明白,这个道理一干新业务就要成建制的部队,这是成熟的大公司带来的思维惯性。

## 边战边略：一条心、一张图、一场仗

### 一条心

我们很多人都是半途被丢到一个路径当中的，而我们以往的行动方式以及未来的行进路径都有一种"路径依赖"效应，我们要清楚地看到这一点。

路径依赖(Path — Dependence)，又译为路径依赖性，特定含义是指人类社会中的技术演进或制度变迁均有类似于物理学当中的惯性，即一旦事物进入某一路径（无论是"好"还是"坏"）就可能对这种路径产生依赖。一旦人们做了某种选择，就好比走上了一条无法回头的路，惯性的力量会使这一选择不断自我强化，并让你轻易走不出去。

提出路径依赖概念的是美国经济学家道格拉斯·诺斯，他用路径依赖解释了很多经济学的现象。要在路径依赖的惯性下，走出这个神秘花园，到达成功的彼岸，必须依靠团队一条心。所以一个人可以走得很快，而一群人才可以走得更远。

就像中国工农红军长征，如果只是战略撤退，打边撤、边保留革命力量，那只是看到了战略的那一条撤退路线，很多组织败了撤退了就散了，但是中国工农红军为什么败而不乱、不倒、不散，那就是因为党的领导，思想方针的统一，以及用革命拯救中国、振兴中华的使命。在战争中，一条心尤为珍贵，否则可能会导致整个团队的覆灭。

所以这里说的一条心，是使命愿景价值观的统一，也是坚持到革命胜利的一群人的统一。

### 一张图

如果一个企业的愿景是"我们要穿过花园到达那个彼岸"，那战略就是"进入花园要迈进的那个方向"，而战斗就是"花园里披荆斩棘走出的每一步"。战略能力不仅要求有"走一步、看三五步、想十步"的路径规划思考，更重要的是让人看到你的战略，所以画出来一张图就成了一种精练的表达能力。在大航海时代，驾船出海冒险只要有勇，想当船长都可以出海，但是要画出来一张航海图，设计出来一个罗盘指引方向，那就不是很常见的能力了。

当然，我们每个人不会天生就是战略家，一个人看长远的能力需要不断培养，所以如果知道自己存在这样的能力短缺，就需要有团队来补。完美的高管团队是一群人都具有战略思考的能力和画出来一张图的能力。其实一个组织能用一张图展示出自己的战略路径，是极其困难的，往往很多企业成功了，都不知道自己是怎么成功的，因此就始终都画不出来那一张图。

### 文化场域：从万科到阿里

通常很多人都不是先想好一张图再去创业的，往往都是头脑一发热就开始干了，干着干着发现没有退路了，只有硬着头皮往前走。如果脑子里没有那张图，要么就是核心团队来一起画，要么就是制定出来"一张图"，就算制定也不是机械地绘图，而是要通过核心团队充分讨论、推翻、再讨论、再形成，形成一种"命运与共，休戚相关"的氛围，渐渐地大家边走边画，形成这不是我一个人的战略，而是整个组织核心头部人员共同的战略。

所以制定出来的战略不应该只是创始人CEO或者战略部自己的，而是大家一起的共识和目标，这样才能点燃和激发组织里面每一个人的能量。

### 一场仗

很多创始人面临的问题是，似乎没有一条心，更没有一张图，仅仅凭着机会性的获利或者商业模式驱动，发展到了某一种规模。也有的是一味地追随或者模仿，竞争对手做什么，我就做什么，而且做得比他要好。可是有一天竞争对手没了，自己成了第一，就不知道该怎么干了。还有的企业是长期按照指令行动，就是接收订单，生产订单，成为一个供应链上的一个环节，那所有的行为都是完成任务型的，一旦它要转型自我做主了，反而不知道该怎么做了。

我想说的是，其实在一开始，大部分创始人都是类似的，就像我们从小开始学步，哪里知道那么多理论和知识，如果不是学院派而是实战派，更多的就只是一些民间智慧、土办法甚至是本能来驱使。如果不是系统地研究、萃取组织经验，组织自身是不知道自己的方法论的。

然而，也不必因此就失去自信，因为既然已经发展到今天，一个组织必然有其"三板斧"，存在即合理。而要存在得更久、发展更大，那就需要总结经验并且传承下去，让更多的人一起前行，用着老底子的方法。

## 文化场域：从万科到阿里

**案例**

### 湖畔新校园的"清明行动"

"不过327，就过清明节"，我们在酒桌上的一句话，后来成为了我在湖畔的"一场仗"。2018年底，是我个人在湖畔的转折点，也是新校园项目进度的冰点。

当时施工总承包单位因为各种原因跟我们提出索赔要求，在施工生产值到将近9000万，也就是项目刚结顶的时候就提出4000多万的索赔，而且用工期延误做要挟，如果不解决索赔的话就不继续施工。

其实在施工行业，用索赔来做项目盈利的做法已经是潜规则，一方面人工材料涨价，施工单位也是中间商，另一方面要拿大项目都是要通过比价竞标，以合理价格或者最低价格拿到甲方的施工合同，而阿里又是知名企业，也是很多互联网企业追随的标杆所以能拿到阿里的项目往往都是示范工程。但是从拿到合同到完成项目通常有2～3年的周期，而这个期间，材料涨价、用工困难、进度延误、返工重新等，就在所难免。

所以通过"变更"来变相提高合同金额，边做边涨价，边做边谈判就成了建设项目永远不能承受的痛。但是从学校方的视角，如果长此以往，肯定无法按期、按预算交付，所以我们做出决定，眼前的一场仗，就是：更换施工总承包单位。

其实做出这个决定非常冒风险，但是不冒这个风险，项目将陷入一种恶性循环。我思前想后考虑了很多因素，权衡利弊，2019年3月，我们正式跟总包单位"开战"了。我提出给这个月的决战起一个名字，最后选择了"清明行动"，意思为：清除障碍，明确交付。

在"清明行动"的推动下，整个项目部包括阿里智慧建筑事业部都进入了一种"战时状态"，大家众志成城，通过一年多的磨合，也达成了"一条心"的状态，团队可以说是打了鸡血，如果这一仗打不赢，那后面的交付胜仗便无从谈起。

其实战略是一种动态的行进状态。外部环境不断变化，内部的中长期目标也要动态调整，为了达成战略，组织一定要配合，组织也不是立刻就可以匹配上去，所以要通过像"清明行动"这样的一场场战役，让团队逐渐磨合，形成"一条心、一张图、一场仗"的边战边略的状态。

2020年8月15日新校园马云验收建设团队合影留念

## 绩效文化：让员工知道自己每一天的工作与战略有关

### 绩效要通晒

绩效组织里面比较刚性的部分，就像一条惩罚的鞭子，一个孙悟空的紧箍咒，我们作为管理者，在大企业中，其实已经习惯了使用这条鞭子和念紧箍咒，所以失去了使用其他领导力的方法。

但是能够使用好鞭子和紧箍咒是管理的基础。要管理好绩效其实也不难，在阿里湖畔学到的一个方法就是——通晒，要把自己的工作目标亮出来，从开始制定的时候就亮出来，同时也把过程、阶段性结果、最后的成果都亮出来，让组织里所有人可见，在信息化时代，没有秘密可言，只有公开和公平才会驱动组织里每一个人去努力工作。

所以绩效就是要通晒，也就是对上层要做充分的共同目标确认，让同一个层级的人看到，让下层的员工共同认可。最好的绩效是上下不断来回一起制定出来的，或者下属给出了一个超越期待的目标，大家一起努力。当然这个目标不单单是喊口号，而是有实现路径和匹配资源的。

## 绩效要盯结果，更要追过程

通晒完了，绩效的达成是既要过程，也要结果的。阿里有句老话，"没有过程的结果是一坨屎，没有结果的过程是一个屁"，朴素的话讲出了绩效既要盯过程，也要追结果的真义。

追过程，是看这个目标是如何达成的。在达成过程中，路径是否正确，不正确要及时纠偏，其实这个时候是最练个人能力，以及看他是否注重长期主义，是不是损失过程利益只追求结果好。真正好的干部在干活过程中也很仔细，最后结果也很好。

盯结果，这需要经验和预判的能力。有时候一个组织的目标和结果没有那么清晰和笃定，那整个团队的目标和结果就是腰部力量要承接和分解的事情，所以绩效一定要数字化、可量化，并且有关闭时间，责任也要落实到人。

聪明的领导者是在过程中发现问题，结果当然是衡量绩效的重要指标，但是过程是衡量一个人价值观的行动规矩。就像爸妈给儿子提一个要求，年底媳妇要娶进门。当然儿子也很听话，真娶媳妇进门了，这时候爸妈更要问问，找到这个儿媳妇是通过什么途径，经历了什么过程？儿子是怎么想的？看上了对方哪一点，对方看上儿子哪一点？当然可能说，这爸妈管得有点多了，但是在关键节点完成前，管细一点也没什么坏处，都是为了最后取得的结果是一个长期的、稳定的、发展向好的结果。

文化场域：从万科到阿里

### 绩效要看事，也要看人

如何看一个组织的绩效好不好呢？事情纷繁复杂，市场风云变化，人也来来往往，评价很难做到客观公正。因为有的时候，业务做得好不见得是1号位的功劳，有可能是前人栽树，后人乘凉。业务做得不好，也不一定是1号位的过错，很可能是成绩及格，但是业务进入困局，你去了以后动了真刀子，反而业绩短期掉下去了，长期是向好的。

马云对部门业绩考量不是基于业务，而是基于对氛围的感觉和对团队的判断。阿里业务太复杂，跨度也极大，他对业务反而不太懂，但对人性的洞察异常敏感，从"人"的角度切入绩效评价。看负责人在业务行进中招了多少人，他招的人判断力行不行，他说好的人是不是真的好，说不好的人，是不是真的不好。

组织和人都与业务有关，对人的评价反而比较容易拉通。所以马云说他最喜欢"两个R"，就是公共关系（PR）和人力资源（HR）。

## 案 例

# 支付宝的KPI：一次支付成功率

战略的达成是需要所有人围绕一个目标努力，所谓"力出一孔、上下同欲"，就是所有力量在一个点突破，才会带动其他体系的不断进步。就像咏春拳，所有力量都集中在一点，那爆发力和效力才是最高的。

KPI（关键绩效指标）的设定是一门艺术，需要经过深度的思考。阿里的童文红认为阿里巴巴历史上最好的KPI就是"双百万淘宝时代"和蚂蚁的"一次支付成功率"。

双百万淘宝时代是马云的神来之笔，淘宝四步台阶用四个KPI的数字呈现，因为淘宝一开始是不赚钱的。当时马云提出"两个凡是"：凡是eBay支持的我们就反对，凡是eBay反对的我们就支持。这是一个错位竞争的战略意图，那KPI的设定就很考验人，从一年盈利1块钱，到每天盈利100万元人民币，到每天赢利100万美元，到每天纳税100万元人民币。

还有一个阿里的案例是彭蕾去支付宝之后，基于客户价值的思考提出了"一次支付成功率"的KPI。这个KPI看起来跟淘宝要做多大没有一点关系，但是背后的思考就是围绕着"客户价值"。战略就是一定先要把支付成功率做上去，要让支付能够没有门槛，没有障碍，而KPI就是让一个组织所有的人围绕这个目标去努力。

### 文化场域：从万科到阿里

所以不管是BSC[1]、KPI还是OKR，都是绩效管理的工具方法，关键是全员共识到那一个目标，然后所有人都为了那一个目标去努力，这才是组织行动能拿到结果的关键。

---

1　平衡积分卡，常见绩效考核方式之一。

第三篇
外化于行

**案例**

## 良渚文化村2009年转折点的KPI：两个1000套

在小镇的开发建设上，良渚文化村已经经历了20多年，现在依然在摸索前行。每个小镇都有自己的生命周期，与企业不同，小镇的生长都要经历一个异常痛苦的煎熬期，就是从销售带动转为入住运营带动，而良渚在这个周期的时候约是2009年。当时的杭州万科发起了一个叫"0915"的行动，在整体打造小镇的参观生活体验界面的同时，还下达了一个关键的KPI指标：2个1000套（当年销售1000套，入住1000套）。

当时的背景是文化村已经开发了将近4000套，总体的建设总户数当时的规划是150000套，3万~4万人口，所以已经完成1/4的开发量，但是，万科从南都房产接手以后的销售户数是2000套，当时的库存大约2000套。楼盘经过将近10年的规划开发，已经有业主入住，2000套的入住率非常低，大约只有100套，而且很多还不是长期居住。受制于当时的交通、医疗、教育等公共配套设施，所以当时的文化村是不宜居的。

时任总经理老周来了以后，首先是提升整个文化村开发团队的士气，并且提出来当年的两个主体文化：质量和服务。随着时间的推移，"我们关注产品性能和物业服务"与当时杭州市场的老大哥绿城形成了错位竞争，公司明确提出了错位竞争的理念，然后在文化村逐渐实现老周的组织文化改造主张。

## 文化场域：从万科到阿里

良渚的销售团队当时士气非常低落，因为有将近2000套的库存，而很多已经卖出去的住房，客户口碑也不好，因为交付那批的客户入住率低导致了投诉很高。基于品质和服务，LZ提出文化村2009年的KPI是"销售1000套，入住1000套"，这在当时看来是不可能达到的目标。

营销团队一看销售要1000套，几乎是前几年的总和，就先提出要降价，但是价格已经降无可降。LZ就反其道而行之，提出来涨价，所以一周以内，文化村销售价格从7000元/平方米上调到了8000元/平方米，当时LZ对销售团队说：反正也是卖不出去，我们涨价看着也开心。结果过了2周，房子居然卖掉一套，这给销售提振了极大的信心，因为文化村在片区内是当之无愧的标杆，所以有这一片区的定价权。

**总人口增长曲线图**

| | 2007 | 2008 | 2009 | 2010 | 2011 | 2012 | 2013 |
|---|---|---|---|---|---|---|---|
| 总人口 | 120 | 939 | 1699 | 3258 | 4809 | 6283 | 8733 |

0951以后文化村的入住人数逐年递增

文化村涨价以后也不是毫无动作,陆续开始了当年不断加码的配套建设,从幼儿园、村民食堂、社区门诊部、穿梭巴士到安吉路实验学校等入住需要的各种社区公共配套设施。客户也随之回来,认为万科会把这个项目作为标杆打造,产生正向循环。为了完成入住1000套的目标,当年还完成了物业公司的替换,从南都物业换成了万科物业,而万科物业的服务口碑正是从文化村开始建立的。

随着2009年的KPI两个1000套的完成,良渚文化村涅槃重生,进入了"神盘"的打造之路,才有现在的美丽洲堂、大屋顶等公共建筑的诞生,也才有未来社区的落地。

## 塑造行为：集体行动，用行动学习让文化落地

### "学"与"习"是两个阶段

一个组织里面文化学习的方式，很多都是基于个人的学习经验，比如管理者会给下属每人发一本书，让他们回去研读，或者请一个外部老师来讲一通，然后就没有然后了，这是企业最普遍的学习模式。

这样的学习还是没有进入集体学习的阶段。其实"学"与"习"是两个概念，学只是一种知识的灌输，我们可以理解为information学习；而习则是一种获得知识的内化过程，一种通过演练才能达到的境地，可以称之为tans-formation学习。

我曾经阅读过黄埔军校的学习方式，大体可以分为"教室"和"操场"两个学习场景。此外，黄埔生真正厉害的地方就是第三个学习场景"战场"，真正的学习都是在战场上发生的，而且也是通过对战场的复盘习得的，这些都是书本上学不到的知识。

第三篇
外化于行

## 没有行动，就没有学习质量

我曾参加一个互联网平台的核心高管工作坊，其间主持工作坊的 Wendy 博士有一句话让人印象深刻："组织的问题，只有依靠组织自己去解决。顾问只是作为一个催化剂，顾问像一面镜子，让组织的核心管理者看到自己的问题，促成集体行动加以改进，组织只有改变才能走出困境。"

一个组织要改变是没有那么显性的，反而要去反其道而行之，不做立竿见影的事情，或者做不那么有实效的内容，把看似虚的事情做实，是最大的挑战。行动学习的理念告诉我们，没有行动就没有学习的质量。

如何从个体学习推动组织学习？如何赋能组织？
如何促使"我们"改变？

$$L（学习）= P（程序性知识）+ Q（洞察性提问）$$

——雷格·瑞文斯《行动学习的本质》

雷格·瑞文斯的行动学习公式

很多的公司都是在一个追求高效的组织和环境下，要真正追求长期主义是很难的。业务业绩的达成可以按照周、月或者季度计算，而人的发展成长是要以年甚至几年来计算，而且前提是要有改变的机遇，要有改变的意愿，想做到一蹴而就，反而适得其反。

文化场域：从万科到阿里

而组织文化一旦形成了，就会产生一种滚雪球一般的效应，那成功将是摧枯拉朽般的，有巨大的势能。

## 集体主义与个人主义

个人要服从集体，组织利益是永远大于个人利益的，我们似乎从小就是这么被教育长大的。西方企业来中国办工厂，发现中国人的配合度、服从度是最高的，其实东亚很多国家都有这样的集体文化。

这是源于东亚文明当中的"水稻文明"，我们都是吃水稻长大，因为种植水稻需要在水量非常丰富的沼泽地区，而水都是从旁边的水稻田流过来的，所以东方人天然知道邻里互助、共享资源、相互协作，而且农业文明也在我们文化中根深蒂固。而西方则不然，西方源自小麦文明、游牧文明，而种植小麦有一个农场就可以，自给自足，天然便有一种边界感和占有欲。

这是东西方思想比较大的价值取向区别所在，西方强调个人的自由精神，而东方更强调族群利益。如果站在个人角度，我也很反感追求集体利益，要牺牲个人利益的论调，这个集体是谁的集体呢？不还是某些人控制的集体吗？但是站在组织的角度，那就要在组织利益和个人利益之间寻求一个平衡，而商业组织往往更加强调组织利益永远大于个人利益，因为天然有一个创始人在，你在加入的第一天就知道了是服务于个人塑造的集体利益的。

所以组织的成功，往往是集体主义的成功，是以个人主义的失败换来的。

案例

## BP[1]的本土化实践，阿里的政委体系

阿里非常有名的是"政委体系"，而要理解政委就要从追随力谈起，组织里最具追随力的，就是政委。"政委"这个角色，不同于西方管理学里面的BP，是很有中国红色文化特色的管理智慧。

政委是马云在看电视剧《历史的天空》和《亮剑》时获得的灵感，两部电视剧都在说通过战场把一个土匪一般的老兵油子变成一个出色的军队管理者。而整个过程里面，党的领导和思想的正确，真正在坚定执行的就是"政委"这个角色。

在真正的政委里面，最强的要数苏军政委。二战时期流传着关于苏联红军政委的传说，德军俘获苏军政委后，往往会立刻将其枪毙。德军为何这么痛恨苏军政委呢？

第一，对苏联士兵而言，政委是铁面无情的，斯大林发布了著名的"第227号命令"之后，政委就成了战场督战官，对不服从命令或者擅自撤退的士兵，立即枪毙。

第二，对德国士兵而言，苏军政委是最英勇无畏的，他们尽管是战场第二指挥官，但是他们大多数的时间却是奋战在第一线，在最残酷的战斗中，只要政委能够带头冲锋，苏军的战斗力往往能够显著提升。

---

1 Business Partner，事业合伙人、商业合伙人。

### 文化场域：从万科到阿里

正因为政委对士兵巨大的鼓舞和监督作用，所以德军对他们恨之入骨，一旦将其俘虏会立即枪毙。苏联卫国战争时期，政委的死亡率是百分之三百，也就是说平均一个政委的职位上死了三个人，以至于苏军高层下命令，不允许政委带头冲锋。

受到党的军队"支部建在连队上"的理念启发，阿里决定搭建自己的政委体系，其实本质也就是人力资源里面的业务BP，但确实BP这个概念太难以理解，而且还是一个人力资源概念，所以很多公司员工都不太知道这个角色存在，而"政委"这个词恰好很形象地赋予这个角色一个生动的企业角色定位。政委就是协助"1号位"管理好思想和人事工作的"2号位"，其实政委就是"妈妈"这个角色。

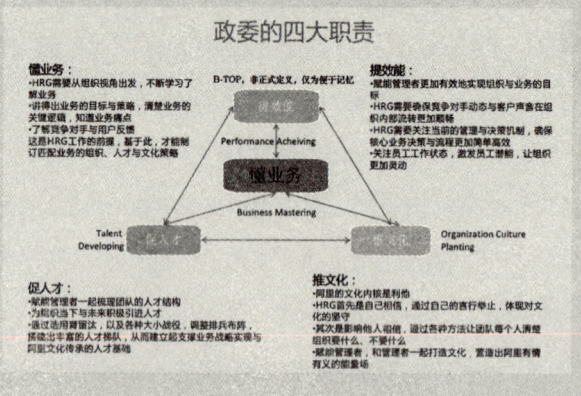

阿里政委的四大职责

# 第三篇
## 外化于行

不少创业者来学习以后就开始搭建自己的"政委体系",比如亚朵集团的管理体系里面就有"店长"和"现长",现场业务负责人和政委双角色配置,现长就是在地的政委,所以亚朵的服务创新和文化驱动在酒店业是独树一帜的。

## 文化场域：从万科到阿里

> **案例**
>
> ### 解放战争的胜利，也是文化的胜利
>
> 这里要举一个例子，就是我们伟大的毛主席领导的中国共产党和人民军队。在抗日战争结束的时候，国民党拥有460万兵力，而且还有美国的支持；而中国共产党的人民解放军只有不到100万兵力，而且大都是游击队出身。当蒋介石发起内战的时候，中国共产党如何扭转战局？就是依靠前期积累的文化力量，以广大农村和人民群众为基础的文化。
>
> 其实在早期国共合作的时候，国民党并不是没有想去学习共产党，当时国民党派了一支精锐的力量，与共产党学习如何敌后游击、战斗同时如何做政治思想工作，只是一点"放下军人身段，与民共食一口锅，共睡一个炕，共耕一片地"都做不到，所以这样看来这个组织注定就是与农民割裂的武装力量。
>
> 而共产党的部队所到之处，都会军民与共、鱼水情深，而且后期解放军有严明的纪律——"三大纪律，八项注意"，不拿群众一针一线，核心领导者也没有那么官僚，而是强调层级之间的扁平化。所以当毛主席喊出解放军是人民军队，而国民党军是帝国主义和资产阶级走狗的时候，高下立分。
>
> 抗日战争胜利以后，国内有很强的厌战情绪。当时陈毅将军说，解放战争很好打，我们的人民军队一喊"冲啊"，国民党军队就投降了。其实包括很多国民党军队的高级将领也认为，共产党的

红色革命可以做到中华民族的复兴,军阀相争的蒋家王朝并不代表人民的力量,必然走向失败。

这可以理解为思想政治工作,让所有士兵知道自己的行动与战略有关,长期积累的文化在最后战略执行期爆发出来的效果,最后实现了解放战争的大逆转。

## 打造场域：场域与仪式，打造"沉浸式"组织氛围

### 物理场域是行为器物层

在房地产开发行业待久了，就会自然而然养成一种职业习惯，不断去学习了解建筑，并且对着建筑物拍照。我后来慢慢开始察觉自己有这样特殊的职业习惯，这也是我在万科培养起来的日常学习工作习惯之一。

在新校园建设过程中，所到之处我都会把周边的环境、空间和装饰用手机拍下来，保留一份自己对空间的印象，有时候会以文字记录下来，写成参观笔记或者周报。我们称之为考察学习，甚至在考察的时候还会有评价和交流，在考察完成后写考察报告。

因为这个习惯，我刚到湖畔就会观察物理的空间与场域，比如提炼出来"仪式感"，入口门厅、墙面装饰、桌椅板凳、花草树木，甚至待人接物，这些都是文化的表征，也可以帮助我们在规划设计新校园的时候看清楚主人在选择背后的价值观，把这些落在方案里，提到方案评审会上。再比如提炼出来"实用主义"，从凳子可见一斑，湖畔在三台山的凳子从上千块到几十块的都有，各种风格混搭，功能和美观混搭，可见使用者在选择凳子的时候没有统一的审美标

准,只是回到凳子最基础的功能,所以在新校园选择凳子的时候,一致的风格反而会让环境没有那个味道,所以我们选择了以一致、多样和实用为原则,而且预留了增加的空间。有时候乱糟糟的状态反而是一种风格。

组织文化分为:基本假设、价值观、制度层和行为器物层,这些看得见摸得着的文化,都是属于行为器物层。

## 以小见大,窥斑见豹

行为器物层可以从身边的小东西,以小见大、窥斑见豹。这样的功力可以是天赋,也可以是后天养成的观察能力,而且要有一种类似"看透"的贯穿力,那需要有一双会识别的眼睛。比如工牌就是非常体现组织文化的"器物",因为它浓缩了一个企业在员工身上的印记,而且工牌通常是强制佩戴的,所以解读起来也会很有趣。

比如阿里的工牌,工牌上有工号也有花名,但是没有部门,照片会用一张大大的生活照,而且很多人会把自己的孩子、宠物也放在工牌照片上,这是很多其他企业不具备的,因为阿里的价值观里面有"快乐工作、认真生活"。挂着工牌的绳子也很有趣,五颜六色。我见到有不同的BU会根据年度活动发不同的主题绳子。还有一个很有趣的现象,阿里的员工会在工牌上佩戴一些徽章,证明自己参加过哪些重大活动,如此追求个性化也是不多见的。

员工佩戴工牌的方式也是很有趣的,一些阿里的员工会把工牌

## 文化场域：从万科到阿里

揣在牛仔裤的口袋里，只有一根绳子挂在外面，表示出自己的一种嬉皮士风格。

万科的工牌就不一样，用的是铝制的外壳，代表工业化产品精神的品质追求，个人一寸照片必须是标准的，同时也会把部门和姓名写在工牌上，绳子也比较简洁利索，没有一点的个性化因素。因为一致性和执行力是这家企业的追求。

字节的工牌属于互联网企业里面比较奇葩的，谢欣讲过字节在设计工牌的时候对标了世界20多家互联网公司，他们也做了一些个性化定制，表达着自己的味道。字节的工牌是正反两面都有照片和名字的，因为他们发现有的员工会把背面朝外，这样就会失去工牌的功能意义。此外，绳子也做了特殊的设计，他们把挂绳和手机的USB充电线做了结合，这样省去了很多人忘记带充电线的烦恼。真是实用主义和人性化到家了。

**塑造行为，打造器物**

回想当年在良渚文化村，我们也是通过行为器物层的打造，让客户来到文化村后，能够体验到这个社区独特的文化。而村民公约的价值观建设，也是通过塑造人的行为，来传递文化，以至于绿城的宋卫平先生在参观完良渚后说：良渚是做到了"从卖产品，到卖生活"。

比如村民食堂的烧饼油条、美丽洲教堂的意大利进口钟、村民

第三篇
外化于行

手上的一张村民卡、食街的老杨肉夹馍、跑在小区里的电动三轮车、锈板上面的村民公约……行为器物层的独特性和张力是可以感染到人的,因为大多数人都是属于"外貌协会",看东西光看表面,如果表面的东西都可以让人印象深刻,那才是把组织文化和品牌输出相结合的高手。

小到一张工牌、一名员工的穿着,大到一张办公桌、一幢办公楼,都是一个组织可以被观察、被解读的行为器物,也是组织向外的一种关于文化的宣言表达。

## 文化场域：从万科到阿里

> **案例**

### 匠人文化与匠人命名制

互联网公司是鲜有匠人文化、产品主义的，就像谷歌很难像苹果一样做出一款几乎划时代的产品——iPhone。而在制造行业，匠人文化是一种传承，更是信仰一般的存在，同时也有机制上的设计考量。

在中国古代，匠人终身对产品负责，最为极致的案例就是兵器制造业，在秦始皇兵马俑里面发现了弓弩刀戈等兵器，兵器上面都是刻着姓氏的，也就是兵器质量制造者的匠人终身制。后来匠人终身制又延伸到瓷器和房屋的制造，负责建造的匠人都是终身对产品的质量负责，万一要是塌了或者出了问题，匠人的子孙后代都会因此蒙羞。

我们并不是在一个匠人终身制的时代，职业经理人制度代替了匠人终身制。当一个建筑完工的时候，我们很少去追究建筑是谁造的，当然建筑完工都会有一个责任人的公示。而我们曾经面对的建筑现实的情况是：一个负责建设的职业经理人走了，再来一个职业经理人补上，职业经理人干完三年单飞了，最后的产品出品无人知晓是哪个人规划的，哪个人设计的，哪个人建设的，哪个人制造的，这些都无从追溯了。

互联网文化追求快速和变化，老板的决策往往是先出来一个1.0版本再说，后来可以"打补丁"，然后再是迅速的版本"升级迭

第三篇
外化于行

代"。就如同我们手机里面开发一个App，一开始肯定是客户体验不好，过了一定的时间，就需要版本不断升级，然后慢慢才会变得体验好。当一个系统复杂的产品需要一个长期的流程生产出来以后，没有了追溯体系，没有了组织架构，就像没有了根，没有了主人，也造就了一种短期投机的心态，干出来再说。

所以在建筑行业，每个建筑落成的时候都会有一个质量终身制的铭牌，确保这栋楼在70年使用寿命过程中，有了问题可以追溯。很多组织为了鼓励这种日复一日的匠人一般的创新，会设计一些制度，尤其是制造企业比如日本的京瓷。稻盛和夫在介绍鼓励京瓷的研发团队的时候，会给他们的设计和优化命名，就用研发者的名字命名，比如XX技术、XX结构，国内很多企业比如海尔也有类似的机制设计。

文化要落地，就是要有相应的机制设计，不仅是显性化一个方面，还是落实到制度设计才是最为核心的落地手段，通过机制设计可以让文化成为一群人共同的行为准则，最后逐渐成为他们一种默认的行为模式，这样就起到了牵引性的作用。

## 文化场域：从万科到阿里

**案例**

### 万科的工程师文化节，与阿里的工程师文化节

2015年开始，万科就有了工程师节，定在每年的6月27日。延续至今，影响了整个行业。

工程师文化节的设计者对"工程师"这个概念进行了新的诠释和定义，即"五种性格和四个标准"，这是典型的通过文化和价值观来驱动组织文化。

五种性格：坚持、讲真话、有担当、不给别人添麻烦、照顾比自己弱的人。

为什么要提工程师的性格？因为工程师尤其是土建工程师都是在现场，而且与施工单位打交道最多，是对工程管理最有体感的一群人，也是工程质量最后的守卫者。

坚持就是要持之以恒；讲真话是一种诚实和率真；有担当是要能扛起"质量好不好，客户说了算"的责任；不给别人添麻烦说的是做事情要追求完美，不要留遗憾给后人来解决；照顾比自己弱的人，就是要有客户意识和协同意识。

除了工程师的价值观，还有与之相匹配的行为准则，那就是万科工程师的四个标准，这是把价值观与言行举止结合的做法。

横平竖直、毫米误差、由表及里、瞻前顾后。

这四个标准，讲的是在工作标准当中，工程师应该有的专业度，比如对工艺工法、对平整度和垂直度、对搭界误差的精工品质

要求，以及内外表里如一的责任心，最后就是项目前后左右都照顾得好。

万科工程师的四个标准五个性格

延续至今，万科工程师节成为很多标准的动作，比如工装，特殊的铝制安全帽，工程师会把自己的故事记录成视频，邀请自己的家人到工地上走走等，一系列组织文化的策划活动。另外，比较有

## 文化场域：从万科到阿里

仪式感的是建筑工地上也会挂"质量好不好，客户说了算"的大标语。时刻用组织文化来传达客户意识和岗位价值。

不知从什么时候开始，每年的10月24日，整个阿里系的程序员都会迎来属于他们自己的节日——程序员节。在互联网公司，程序员是公司主要人才的构成部分之一，因为他们在负责一个数字空间的帝国搭建，他们管自己叫"码农"。码农更符合一种新旧产业相关的表达，而"程序猿"则是一种略带有优越感的自嘲，从专业角度都统称为IT工程师。

IT工程师是从事IT相关工作的人员的统称。它是一个更为广义的概念，包括IT设计人员、IT架构人员、IT工程管理人员、程序员等一系列岗位，工作内容都与软件开发生产相关，熟悉各种计算机语言。

在网上也有各种关于程序员特点的演绎，从格子衬衫到高发际线，这些都成为程序员的标志性元素。湖畔也有相当数量的IT工程师，因为学员的在线学习依托湖畔App，课程也会在App上有复习的学习场景。阿里的工程师文化比较有特点，比如上班以后都要换上舒服的衣服和拖鞋，然后在办公桌前也是各种装饰布置，恨不得把个人荣誉和喜好、热爱全部都展示在办公桌上，而办公桌也成了程序员耗费时间的物理空间。

## 绳之以法：对明知故犯者，要"斩首示众"

### 信任基础要建设

要形成一个良好的组织文化，还需一个基础条件，那就是构建组织成员相互信任的基础——诚信。这是员工在进入企业的时候都要做的基础教育。

我们说孩子的教育是社会教育、学校教育、家庭教育三者综合呈现的结果，在当前大教育环境下长大的孩子，你会发现他们的功利心、目的感很强，驱动的底层原因是"我有什么好处"，而很少是"帮助有利于他人"。在功利之心驱使下，会把自我利益放在组织利益前面，因此会滋生各种诚信问题。

所以大量的员工在进入组织的时候，组织还要承担员工的基础教育和底层道德的塑造。

### 确认过眼神

关于诚信教育，西方经典里面有一句话：房子要建在石头上，而不是沙子上。人们因为信任才会走到一起，因为信任才会走得更远，

文化场域：从万科到阿里

而信任建立起来很不容易，破坏起来却是一瞬间。

如果缺失信任，那么制度就会逐渐代替了文化，而制度越来越多，也就代表着企业越来越受到约束而失去创新力，所以信任的构建也是一种为企业保持活力和创新发展的动力。

创业早期，团队很小，沟通起来顺畅，有时候吼一嗓子就知道，甚至是可以把公司办在家里，把员工带回家吃饭。因此，员工之间的信任与默契，甚至都可以达到一种"神交"的境界。海底捞创始人张勇分享过他的管理经验，总结达到团队信任和凝聚力的状态就是"确认过眼神"。

"确认过眼神"是一种心领神会的状态，也是因为信任建立起来亲密关系才有的沟通方式，可以说配合默契，但是达到默契是很难的，是需要底层价值观一致的。阿里有一句老话，因为信任，所以简单。所以组织里面也是因为个体相互信任，所以才会坚固。而这样的信任是可以通过组织传递给外部客户的。

**绳之以法**

对于破坏规则的人，那只有绳之以法，并且"斩首示众"和"昭告天下"。

我们经常会碰到一种棘手的情况，就是"一颗老鼠屎，坏了一锅粥"。在人类心理学的研究上有个现象叫"破窗效应"，说的是如果一个房子，某天窗户上的玻璃被人砸破了一块，如果没有人及时去修补，那用不了多长时间，该房子窗户的其他玻璃也会莫名其妙都破掉。一面白墙，没有涂鸦是不会有人涂的，但是一旦有人涂了没有修补，那这面墙只会越来越被涂黑。

其实组织里的文化也是一样，如果组织里有人踩踏了底线而没有被及时制止，那踩踏底线的人只会更多，所以触犯组织内"法律"规章红线的人，要被及时抓出来处分，并且昭告天下，这样才能让组织里面的个体得到学习，这样的文化才是有约束力的。

所以真正的价值观是要被遵守的，触犯了底层价值观的人是要付出代价的，小到警告处分、限期整改，大到清除出队伍。从个体角度，这可能是值得同情或者有各种理由的，但是为了整个组织利益着想，企业规则才会变得显性化。

## 文化场域：从万科到阿里

**案例**

### 月饼事件，诚信价值观里面的底线

卫哲曾分享过，他离开百安居到阿里担任CEO，上任之后他对价值观也是半信半疑，但刚上任一周两份开除员工报告放在他面前让他真的相信了。

当时他掌管B2B业务，一份是北方区域的一位大区销售经理，把没有外销房资格的开发商放到了面向海外的网站上，被公司查到以后，公司认为其触犯了诚信的底线，就算是开发商老总亲自打电话来解释，公司还是对该销售人员进行了处分。另一个处分的案例是一位资深销售员。他在填写自己日报的时候，将当天要拜访客户的信息填进去。有客户反馈不是那天拜访的，因为他当时拜访不过来，就把客户放在第二天去拜访，但是填写信息的时候他还是写的第一天。当时两个员工都因为"做小动作""打擦边球"的诚信问题而被HRG开除了。卫哲当时才深刻认为阿里的价值观坚守不是写写的，而是动真格的。

很多人都知道阿里巴巴月饼门事件，中秋节为员工家人准备月饼是阿里的传统，每位员工都能分到一盒。2016年的月饼因为造型可爱，受到员工欢迎，不少员工希望再多买几盒送给亲朋好友，所以公司决定开放一个预订网页，大家可以在网上"抢"月饼。没想到在阿里内部展开的中秋抢月饼活动中，安全部的四名程序员使用脚本，多刷了124盒月饼。事后被公司发现，根据内部决定，为了维护企业文化,阿里巴巴决定将该四名员工开除,有一名安全部老员工是领导,则受到了警告处分。

这些员工被开除,整个组织受到了很大的震动,其实这就是一次对"诚信"的最大教育。同时,坚决要开除员工的另一个原因是,四位程序员都是安全部的,是负责保护组织安全的人,监守自盗,这是即使"斩首示众"也不为过的行为。

## 学习内化：吃猪肉羊肉，长自己的肉

**吃猪肉羊肉，长自己的肉**

阿里是一家市值千亿美元的世界500强企业，又是根植于中国土地的一家创新型企业。

马云融会贯通中西方哲学思想，以及管理团队的管理实践，在组织快速发展过程中，通过引入雅虎、GE、亚马逊、微软和台企的管理人才，进行不断地优化迭代，才形成了如今这一套管理理论。市场上知名度较高的是"三板斧""政委体系""销售铁军"，我认为最有价值的是对企业管理"一气呵成"的管理思想，还有符合中国国情的对组织的认识和理解。这个组织结构框架思维从上到下是"头、腰、腿"，从内到外是"心、脑、体"。

地产思想家冯仑曾讲过，吃猪肉羊肉，长自己的肉。我们学习阿里不是迷信互联网神话，而是真的从强者身上学习，从本土的创新型世界500强公司学习，从而根据自己的实际情况加以适配应用，内化成为自己的专业与商业能力。

如何内化？我的经验告诉我，就是要从"知道"到"做到"，推动整个组织的行动，只有在行动中，猪肉羊肉才会被"消化"，自己的组织的"肌肉"才会产生。

## 亚文化需有一致性

体量大到一定程度的组织会产生一种类似生态系统的文化丰富和多样性的形态，这就是沙因说的组织文化的"分化"现象，会有各种"亚文化"形成。

就如同我们都是中华文化，但是每个地域、城市都不一样，从事不同行业和职业的人不一样。在组织里也是一样的，不同的地理范畴，不同的岗位层级，不同的专业分工，不同部门的领导风格，都会形成属于微小组织的自我的文化。

就如同大自然的生态系统，在同一个生态系统之下，植物也都长得不太一样。而一个商业组织通常的亚文化结构，会因为成员的角色分工不同，被分为三个层级：一线员工的亚文化（运营者）、专业条线的亚文化（工程设计师）和高管团队的亚文化。

三者的文化倾向不尽相同，而管理者的关键目标之一，就是确保这些亚文化既保持着各自的独立个性，又能让大家在共同的组织目标下一致前进。

## 文化场域：从万科到阿里

### 头、腰、腿的不同组织文化

如果用阿里管理理念里面的"头、腰、腿"三段论解释，这三段都包含有不同的亚文化。

马云也做过类似的讲述，比如士兵教的是执行，向左转、向右转、齐步走，以及使命必达的执行力；而到了中层的营长团长，则会发一个望远镜，使他们在战场上相互之间协同，指挥一场战斗；如果是到了更高层级的统帅，那就是在地图前面推演思考，通过前方战报和谍报来判断战争走势，决定大的战略意图。

一线员工的亚文化，就如同士兵的文化，这时候技能和体能往往是要关注的指标，所以我们在美国大兵电影里看到大家在比拼谁可以最快速把枪拆装，谁可以更快跑过障碍物达到终点，也会在半夜里被长官叫醒，然后开始新一轮的训练。

中层专业条线的亚文化，比如组织里面的工程师，大多围绕把一个产品打造得精益求精，行为方式比较刻板。此外，层级也会造就一定的文化，比如组织中间层级的人既承担了执行命令的要求，又承担了教练的职责，所以是承上启下的部分。

高层管理者的亚文化，则相对更开放轻松一些，也适当允许个性化出现。比如他们讲的大多是专业到一定程度的指标语言，此外也开始有宏观的思想概念产生，也有那种"力排众议"的个人英雄主义情愫产生。

这也是高管与创始人接触久了以后产生的一种影响，而且高层管理者通常是从基层提拔上来的,所以他们之间的竞争也会有"非人格化"倾向的产生,就是大家彼此之间不坦露真情,喜怒不形于色,避免自己受到某种程度的威胁。

文化场域：从万科到阿里

**案例**

## 中台战略，来自游戏公司的学习启发

2015年，马云带领阿里巴巴集团高管拜访位于芬兰赫尔辛基的移动游戏公司Super cell（超级细胞）。Super cell是当时号称世界上最成功的移动游戏公司，由6名资深游戏开发者在2010年创立，旗下拥有《部落冲突》《皇室战争》《海岛奇兵》和《卡通农场》四款超级现象级产品。

Super cell是一家典型的以小团队模式进行游戏开发的公司，以一般2到5名、最多不超过7名员工组成独立的开发团队，称之为Cell(细胞)，这也是公司名字Super cell（超级细胞）的由来。

Super cell的成功在很大程度上就在于其高效的"部落"组织策略。仅有的100多人，被分成若干个小前台组织，每个小组虽然人不多，但都包含了做一款游戏需要的所有人才。本来就不大的公司被分成若干个小组，这样做的好处是可以快速决策，快速研发，快速把产品推向市场。而游戏引擎、服务器等后台基础则不需要前台人员操心，这样前后台配合的效率大大提升。这种模式让Super cell公司成为年税前利润15亿美元的游戏公司。

对这家公司的拜访给马云留下了深刻印象，马云回来以后也不断在组织里面尝试。其实现在的阿里就是在不断地向外学习、启发过程中吸纳外部的经验，在组织内化产生最合适自己的一套管理方法。

"中台"这个词是马云的发明创造。在参观Super Cell以后,他又受到美军启发,阿富汗战场上美国的7人战斗小组很成功,于是研究他们的作战模式。当今战争模式已经发生了很大转变,在第二次世界大战的时候是以"军"和"师"为作战单元,到了越南战争已经变成以团和营为作战单元,再到了海湾战争,已经到了以班为作战单元。前端作战单位的精简,并不意味着战斗力下降,因为7人小组是负责执行作战意图,并且有一个强大的系统支撑。定位好了就呼叫导弹飞过来轰炸,点状攻击目标。

马云回来以后,认为财务、行政、人力等后台支持部门,不应该每启动一个业务就去搭建一个独立的前后台体系,那样效率低下,成本较高,可以考虑都打通,建立一个大后台。但他觉得"后台"这个词又比较普通,后来突发奇想,索性叫"中台"。

Super cell的模式给参加此次拜访的阿里高管们很大震撼,一个非常重要的问题引起众人反思:信息时代的公司架构,到底应该是怎样的?在此次拜访半年后,阿里集团CEO张勇(花名"逍遥子")发出内部邮件,组织架构全面升级,建设整合阿里产品技术和数据能力的强大中台,组建"大中台,小前端"的组织和业务体制。于是业内知名的"中台战略"以及配套的组织中台应运而生。

## 共同进化：心在一起，才是命运共同体

### 文化驱动组织

《奈飞文化手册》的作者在手册的前言里面说：我们在奈飞学到的最基本的一点就是：在整个20世纪发展起来的那套复杂而烦琐的管人系统，是无法应对企业在21世纪所面对的挑战的。

20世纪发展起来的那套管理系统就是我们说的"人力资源管理"概念，就是把人当作一种简单的执行力量，而且还是一种资源，并不是通过赋能、授权，并且促动他们的自主创新能力来共同引领企业度过这个多变、不确定性极大的VUCA时代。

同样的，在工业化的管理理论当中，质量、精益、流程、效率等，都成为组织文化里面提及率比较高的关键词，因为产品从研发生产到落地，是一个严密的工业化流程，科层制的组织提升了企业效率。而未来的环境不确定性加强，首先是应对外部变化的内部柔韧度；其次是组织需要在一个模糊的环境下前进，找到确定的方向。

# 第三篇 外化于行

## 从团伙到团队，再到组织

现阶段很多公司只能叫团伙，还不能叫团队。

大家聚在一起，如果都是为了"抢钱"，那只能是在团伙的阶段，这与一群强盗没有两样，干成了分钱，干不成拉倒。其实很多组织一开始创业都是头脑发热，感觉有商机而开始干起来的。

要进入团队的阶段，就是得有所为有所不为，不是所有钱都要抢，有的钱要抢，有的则不抢，我们是有原则地抢钱，是有底线的团队，而且大家不只是草莽英雄，而是开始有配合地作战，产生了核心竞争力，完成从 0 到 1 的业务闭环。

团队要变成组织，就是要有更利于他的使命。团队不只是为了钱而聚在一起，而是要去做一件比赚钱更有意义的事情。从追求收益的利益共同体，到成为生死与共的命运共同体，是要不断通过一件件事情、一个个磨难、一个个危机去形成的。尤其是组织经历了生死存亡的时刻，没有散伙，能够凝聚人心，最后才会成就一个有生命力的组织。

## 诸佛龙象，众生牛马

"欲做诸佛龙象，先做众生牛马。"这句话出自《华严经》。

如果你想成为佛门大者的坐骑，一般都是龙和象，要先做众人的牛马。看过《西游记》的都知道，大菩萨都是乘着神兽出来的，比如普贤菩萨的坐骑就是六牙白象，而观世音的坐骑是龙或者狮

**文化场域：从万科到阿里**

我们生而并非圣贤菩萨，如果能成为菩萨的坐骑，要先付出小我，舍得为众生服务。

做好一个基层的普通服务者，从身边小事做起，要从最不起眼的做起，从为民众服务做起，这样自我才会逐渐修炼进步，最后成为普度众生的圣贤得力助手，从而升华了自己。

如果你想成为一个高级管理者，也是要从做好"牛马"开始，从"手脏"的活儿开始，当你的手足够脏了，那后面的事情才顺理成章。

管理是在管理人心，管理人性。管理者天然就是要通过别人拿到结果，而不是自己冲上去把敌人碉堡炸掉，士兵也不会给高高在上的官僚的管理者卖命，而如何带领一支队伍去拿到结果，才是管理者要修炼的功课。

## 案例

## 从运动风格，到组织文化行为风格

很多人看赛艇就像看龙舟，觉得动作差不多，都是一群人在水上划船。那是外行看热闹，内行看门道。在赛艇运动里面，每一条船都是有运动风格的，这与队员自身所在地区的文化有关，也与教练的风格有关。

赛艇运动历史长达百余年，"奥运会之父"顾拜旦最早参加的两项运动，一项马拉松，另一项就是划船。西方不同国家的赛艇运动有着不同的技术风格，比如英式、德式、罗马尼亚式、美式等，最为传统的就是英式。牛津剑桥划的就是典型的英式技术风格，而中国则因为最早的教练来自罗马尼亚，所以中国赛艇整体都是罗马尼亚风格。

我自己划赛艇已经有10多年，随着不断去看不同国家的俱乐部比赛，以及深入了解这项运动，逐渐可以分辨出不同的技术风格。除了不同国家的文化之外，还有赛艇教练的不断打磨和影响，每条艇划出来的韵律味道是不一样的，在大的技术风格背景下，每一条艇的风格又有着各自教练带来的文化特色。

而一个组织的文化风格，也是有着与体育运动同样的道理。

因为文化无处不在，渗透在组织的每一个角落，组织里面的人被文化影响，产生了一种肌肉记忆，他们自己往往不知道自己有这样的"隐藏技能"，但组织因此有了一种系统性的行为风格。

## 文化场域：从万科到阿里

　　阿里这个庞大的互联网组织，也是有风格的，有人说是平台运营风，而字节跳动走的是产品技术风。字节跳动的组织文化尽管是学的美国的奈飞，但是底层的"相信"还是技术，以及技术带来的工具与产品，所以飞书和OKR流行以后，字节跳动提出管理理论的观点：像打造一个产品一样打造组织。

　　这还要回到创始人的相信，或者说是信仰。创始人与核心管理团队相信什么，如何创办这家公司，如何指导他们的员工开展工作，组织基因和行为风格是创始人带来的，也是无法磨灭的。随着业务日渐复杂，所面对的外部环境不断变化，组织变得庞大无比、复杂无比，那就需要把创始人的思想和价值观转换为可传播、可记忆、可复制、可执行、可被描述和观测的行动标准，加以宣贯和传播，加以考核与检验。整个组织才不会流于平庸，才不会被滚滚红尘所影响，从而呈现出自己独特的组织文化行为风格。

## 案例

## 读四大名著,领悟组织文化与领导力

我们很多关于领导力的智慧都来自传统文化,读四大名著更能领悟到中国文化的真谛,感悟领导力。读《水浒传》知组织进化,读《红楼梦》知人性复杂,读《西游记》知团队构建,读《三国演绎》知竞争谋略。

这里分享下《水浒传》,这部著作可以说是团队和组织进化的经典。梁山好汉,就是一群普通人,逐步从"团伙"到"团队",最后进化成"组织",只是寻求"第二曲线"失败,落得被大宋王朝并购的命运。

当时宋江去投奔梁山之前,晁盖领导的梁山好汉只能叫做一个团伙,是一群什么事情都干的与主流格格不入的山贼和土匪,比如上山入伙就得把下山碰到的第一个人的人头拿来当投名状,什么钱都抢。这是组织的1.0版本。

当宋江去当梁山的老大CEO以后,宋江告诉他的兄弟们,什么可以抢,什么不可以抢。比如富人的不义之财可以抢,僧侣和妇孺不能抢。当团队有价值观,也就是支持什么、反对什么的时候,"团队"就开始出现了。团队是组织的2.0版本。

当梁山把"替天行道"的大旗举起来的时候,整个团队就有了使命和灵魂,他们的使命就是这四个字。因为梁山草寇们找到了使命,形成了从团伙到团队的进化。这是组织的3.0版本。

# 写在后面

## 从场域理论到组织文化落地实践

## 场域理论

我在湖畔三年半,吸收理解了阿里"三板斧""七件套"(使命、愿景、价值观、战略、组织、人才、KPI)的本土世界500强公司的管理方法论。三年多的沉淀也让我对"组织文化"产生兴趣与思考,试图探寻一个理论框架、一个管理方法、一套应用工具,将组织文化落地应用于更多的企业与机构。

在新校园建成后,很多人在使用中都不约而同提到了"场域"这个词。受到心理学"场域理论"的启发,我感受到不论是企业、社区还是组织,都有三种层次的"场域",分别是:可见物理的场域、文化氛围的场域和人与组织关系的场域。这三种场域相互影响、相互作用,使得小到一个团队、组织,大到一个社区、国家,都有着可以被观察、解读、分析和研究的层次。

依据这三个层次的相互作用,我们也可以从组织这个层面去运作,如何在可见物理场域的范围内,组织凝聚起来一群人,形成最为基本的人与人之间的关系,然后通过指导这群人去完成一些事情,形成一些传统和仪式、仪轨和制度,最后形成一种独特的文化,改变这个物理的场域。这样的方法似乎也是可以在其他组织当中尝试和应用的。总结而言，也就是从心、到事、到人，再从人出发，回到事情，反哺回心，这就是组织生生不息的底层逻辑。

## 组织陪伴者

那如何去促动这一系列的变化？通过组织文化的驱动来让组织产生不断的创造活力，我也在过程咨询领域探寻适合的方法，实践"让人和组织更美好"的个人使命——组织陪伴者和企业高管教练。

组织是由一个个活生生的人组成。人无完人，队有完队，如何让人成长发生变化？一方面要自知，产生积极的行动；另一方面就是需要旁边有人像一面镜子一样，不断提醒促成行动，而组织陪伴者与高管教练就承担了这样的角色。

先讲对组织陪伴者的理解。《乌合之众》告诉我们，一个人的智商是100，那一群人的智商就是0。这是因为一群人在一种组织无意识状态下运作，往往从客观中立的视角来看，就会犯常识性的错误；要降低组织犯错的概率，需要组织有自我意识并产生集体行动，就是"个体学习——集体学习——集体行动"的改进模式。那变化谁来驱动？如果1号位有意识，可以由1号位发起；如果2号位有意愿，可以由2号位执行；如果两者没有形成一种"蓝军红军"的内部磋商行动机制，那就需要一个"组织陪伴者"，由他扮演"明眼人"

的角色,像一面镜子一样,让组织看到运转时候的问题,从而发起集体反思与集体行动。这个"明眼人"与核心管理者的"信任"至关重要。

## 企业高管教练

再说对高管教练的理解。"教练"（Coach）是一个体育竞技里面的概念，商业组织在商场也如在战场和竞技场，当然有的选手天赋异禀获得成功，但完美的领导者毕竟是少数，那就需要一个"教练"来帮助领导者实现自我提升和进化，就像一个队伍的"球员"通过系统训练使能力提升。高管教练在美国尤其是硅谷非常流行，已经存在20余年，比如撑起半个硅谷的传奇教练比尔·坎贝尔，他是苹果、谷歌等超级大公司CEO的教练；而世界500强企业高管也会找适合自己的高管教练进场，帮助他们这些在商场上博弈的"运动员"提升能力，看到自己的技术弱点及加以改进。当然最厉害的教练是既懂得人性，会促成组织及个人改变，又有洞察商业本质的能力，把握将来的趋势，可以进入企业核心战略讨论场景，并且干预核心决策过程的高手。

陪伴者和教练作为过程咨询的顾问进场，带来新的理念，帮助建立体系，叩响了组织从自我认知到促成集体行动之门，加速组织驱动，一起与组织应对接下来面临的更大进步与挑战；下一步如何配合好，帮助教练理念落地，让教练的建议可以实现，也是我们要努力探索的领域，也希望与更多的企业和组织能够共同探索出一条属于中国创新企业的组织文化落地之路。